MIX
Papier aus verantwortungsvollen Quellen
Paper from responsible sources
FSC® C105338

Carsten Tergast

„Leben, Gesundheit und Liebe"
als zentrale Kategorien des
Schreibens bei Arthur Schnitzler

Dekadenz und Lebensphilosophie
im Werk des Wiener Dichters

Diplomica® Verlag GmbH

Tergast, Carsten: „Leben, Gesundheit und Liebe" als zentrale Kategorien des
Schreibens bei Arthur Schnitzler: Dekadenz und Lebensphilosophie im Werk des
Wiener Dichters, Hamburg, Diplomica Verlag GmbH 2012

ISBN: 978-3-8428-8962-0
Druck: Diplomica® Verlag GmbH, Hamburg, 2012

Bibliografische Information der Deutschen Nationalbibliothek:
Die Deutsche Nationalbibliothek verzeichnet diese Publikation in der Deutschen
Nationalbibliografie; detaillierte bibliografische Daten sind im Internet über
http://dnb.d-nb.de abrufbar.

Die digitale Ausgabe (eBook-Ausgabe) dieses Titels trägt die ISBN 978-3-8428-3962-5
und kann über den Handel oder den Verlag bezogen werden.

Dieses Werk ist urheberrechtlich geschützt. Die dadurch begründeten Rechte,
insbesondere die der Übersetzung, des Nachdrucks, des Vortrags, der Entnahme von
Abbildungen und Tabellen, der Funksendung, der Mikroverfilmung oder der
Vervielfältigung auf anderen Wegen und der Speicherung in Datenverarbeitungsanlagen,
bleiben, auch bei nur auszugsweiser Verwertung, vorbehalten. Eine Vervielfältigung
dieses Werkes oder von Teilen dieses Werkes ist auch im Einzelfall nur in den Grenzen
der gesetzlichen Bestimmungen des Urheberrechtsgesetzes der Bundesrepublik
Deutschland in der jeweils geltenden Fassung zulässig. Sie ist grundsätzlich
vergütungspflichtig. Zuwiderhandlungen unterliegen den Strafbestimmungen des
Urheberrechtes.

Die Wiedergabe von Gebrauchsnamen, Handelsnamen, Warenbezeichnungen usw. in
diesem Werk berechtigt auch ohne besondere Kennzeichnung nicht zu der Annahme,
dass solche Namen im Sinne der Warenzeichen- und Markenschutz-Gesetzgebung als frei
zu betrachten wären und daher von jedermann benutzt werden dürften.

Die Informationen in diesem Werk wurden mit Sorgfalt erarbeitet. Dennoch können
Fehler nicht vollständig ausgeschlossen werden, und der Diplomica Verlag, die Autoren
oder Übersetzer übernehmen keine juristische Verantwortung oder irgendeine Haftung
für evtl. verbliebene fehlerhafte Angaben und deren Folgen.

© Diplomica Verlag GmbH
http://www.diplomica-verlag.de, Hamburg 2012
Printed in Germany

Inhalt

1 Einleitung 9

2 Dekadenz und Lebensphilosophie 17
   2.1 Zur Entwicklung des Dekadenz-Begriffs 19
      2.1.1 Der Dekadenz-Begriff in der literarischen Wiener Moderne ... 23
      2.1.2 Motive und Themen der Dekadenzliteratur – Eine Übersicht... 25
   2.2 Zum Begriff des Lebens in der Philosophie 30
      2.2.1 Anfänge einer Philosophie des Lebens..................................... 33
      2.2.2 Arthur Schopenhauer 35
      2.2.3 Sören Kierkegaard 39
      2.2.4 Friedrich Nietzsche 42
   2.3 Der zentrale Begriff des Erlebnisses 46

3 Der Wert des Lebens im Werk Arthur Schnitzlers 49
   3.1 Kleiner Vorspann: Die Last des Biographischen und das Thema der Dekadenz in den frühen Erzählungen 50
   3.2 Sterben 55
   3.3 Der Schleier der Beatrice 77
   3.4 Professor Bernhardi 98

4 Der „Wert des Lebens": Die kritischere Sichtweise im Spätwerk 121

5 Literaturverzeichnis 135

1 Einleitung

Das Werk Arthur Schnitzlers ist - gemessen an den Schriften zeitgenössischer Autoren – relativ leicht lesbar und weist auf den ersten Blick keine nennenswerten hermetischen Textstrukturen auf. Dies hat auch in der literaturwissenschaftlichen Forschung verschiedentlich dazu verführt, die Texte auf einer eher oberflächlichen Ebene zu rezipieren und ihre Gedankenwelt allzuschnell in scheinbar passende Kategorien einzuordnen. So gelangte man beispielsweise zu dem Eindruck, Schnitzlers Werk bliebe „bei Deskription und nüchterner Analyse ohne Wertung und Stellungnahme."[1] Darüber hinaus blieb lange Zeit die Wertung Hermann Bahrs wirkmächtig, der über Schnitzler schrieb:

> Er ist ein großer Virtuose, aber einer kleinen Note. [...] Schnitzler darf nicht verschwenden. Er muß sparen. Er hat wenig. So will er es denn mit der zärtlichsten Sorge, mit erfinderischer Mühe, mit geduldigem Geize schleifen, bis das Geringe durch seine unermüdlichen Künste Adel und Würde verdient. [...] Er weiß immer nur einen einzigen Menschen, ja nur ein einziges Gefühl zu gestalten. [...] Der Mensch des Schnitzler ist der österreichische Lebemann. Nicht der große Viveur, der international ist und dem Pariser Muster folgt, sondern die wienerisch bürgerliche Ausgabe zu fünfhundert Gulden monatlich, mit dem Gefolge jener gemütlichen und lieben Weiblichkeit, die auf dem Weg von der Grisette zur Cocotte ist, nicht mehr das Erste, und das Zweite noch nicht. [...] Nur darf er freilich, weil sein Stoff ein weltlicher, von der Fläche der Zeit ist, Wirkungen in die Tiefe der Gefühle nicht hoffen, und von seinem feinem, aber künstlerischen Geiste mag das Wort des Voltaire von Marivaux gelten: *Il sait tous les sentiers du coeur, il n'en connaît pas le grand chemin.*[2]

Eine einseitige Festlegung Schnitzlers auf die immer gleichen Themen und Motive von Eros und Thanatos hat sich jedoch als wenig sinnvoll erwiesen, zumal dabei oft zu wenig Gewicht auf die mannigfaltigen Diskurse der Zeit gelegt wurde.

In dieser Arbeit soll eine differenziertere Sichtweise versucht werden. Es wird prinzipiell davon ausgegangen, daß die dominanten theoretischen Diskurse einer Epoche immer auch in literarische Texte einfließen und deren Aussagekraft somit wesentlich beeinflussen. Die Interpretation orientiert sich damit im Wesentlichen an dem, was Michael Titzmann mehrfach formuliert hat, so etwa 1991:

> Die gegebenen *Ereignisse*, die Texte, sind nun zwar in der Interpretation als *komplexe semantische Systeme* analysierbar, aber sie sind *keine isolierten Systeme*: Sie sind Systeme, die in vielfältigen Relationen zu einer (ebenfalls sehr komplexen) *Umwelt*, d.h. zu einer Menge

---

[1] Fritsche, Alfred: Dekadenz im Werk Arthur Schnitzlers. Frankfurt/M.: Lang 1974. S. 9.
[2] Bahr, Hermann: Das junge Österreich. In: Die Wiener Moderne. Literatur, Kunst und Musik zwischen 1890 und 1910. Hg. v. Gotthart Wunberg unter Mitarbeit von Johannes J. Braakenburg. Stuttgart: Reclam 1981. S. 297f.. Im folgenden zitiert als „Wunberg/Braakenburg".

anderer Systeme, stehen; diese anderen Systeme können ebenfalls durch vielfältige Relationen untereinander korreliert sein.[3]

Diese Sichtweise verweist auf system- sowie diskurstheoretische Modelle. Der Text wird nicht mehr als eindeutig in seinem vom Autor gegebenen Sinn zu erfassende Einheit gesehen, sondern muß als Produkt verschiedenster Quellen verstanden werden:

> In solchem Sinn kann man von der Pluralität eines Textes sprechen, der stets aus Aussagen verschiedener Diskurse besteht und allein in seiner Existenz immer schon auf *Intertextualität* bzw. auf *Interdiskursivität* verweist.[4]

Zur Zeit der Jahrhundertwende, die in der Forschung immer wieder in die unterschiedlichsten Strömungen aufgeteilt wird und sich einem einheitlichen Epochenbegriff entzieht, drehte sich die theoretische Auseinandersetzung mit der eigenen Zeit sehr stark um einen bestimmten Begriff, nämlich den des „Lebens".[5] Man hat dafür folgerichtig die Bezeichnung „Lebensphilosophie" gefunden, als deren Wegbereiter Friedrich Schlegel, Arthur Schopenhauer und der in Deutschland weitgehend unbekannte Jean-Marie Guyau gelten. Ihre wesentliche theoretische Grundlegung erfuhr diese Richtung in der Folge bei Friedrich Nietzsche, Wilhelm Dilthey und Henri Bergson, während ihre volle Ausprägung sich schließlich bei Denkern wie Georg Simmel, Ludwig Klages, Theodor Lessing oder José Ortega y Gasset vollzog.[6] In dieser Arbeit werden zusätzlich zu Schopenhauer, Nietzsche und Dilthey einige Grundpositionen Sören Kierkegaards herangezogen, die den Wert des Lebens auf bestimmte Weise reflektieren. Man kann diese Reflexion über „Leben" allgemein als einen der zentralen Diskurse der frühen Moderne auffassen.

Explizite Äußerungen Schnitzlers zum Thema Lebensphilosophie lassen sich kaum finden, weder in den Tagebüchern noch in den Briefen oder den theoretischen Schriften. Auch seine Figuren sind nie bloße Sprachrohre für diese Denkweise der Zeit. Das ist

---

[3] Titzmann, Michael: Skizze einer integrativen Literaturgeschichte und ihres Ortes in einer Systematik der Literaturwissenschaft. In: Modelle des literarischen Strukturwandels. Hg. v. Michael Titzmann. Tübingen: Niemeyer 1991. S. 395-438. hier: S. 401.
[4] Fohrmann, Jürgen und Harro Müller: Einleitung. Diskurstheorien und Literaturwissenschaft. In: Diskurstheorien und Literaturwissenschaft. Hg. v. Jürgen Fohrmann und Harro Müller. Frankfurt/M.: Suhrkamp 1988. S. 16.
[5] Diese Auseinandersetzung ist durchaus nicht beendet. Erst jüngst stellte der "SPIEGEL" fest: "So sind gerade in der hoch individualisierten deutschen Wissensgesellschaft plötzlich die einfachsten, ersten Fragen wieder gefragt: Wozu sind wir überhaupt hier? Brauchen wir Tugenden, und welche? Gibt es das Glück? Hat das Leben einen Sinn?" (Saltzwedel, Johannes: Wiederkehr der Kinderfragen. In: DER SPIEGEL 8/2000.)
[6] vgl.: Albert, Karl: Lebensphilosophie. Von den Anfängen bei Nietzsche bis zu ihrer Kritik bei Lukács. Freiburg: Alber 1995.

allerdings auch gar nicht nötig, um Schnitzlers Werk in diesen Zusammenhang einzuordnen:

> Um eben dieses zu sein [kreativ, innovativ, originell], muß er [der Text] entweder gegebenem Wissen widersprechen oder gegebenes Wissen zu erweitern suchen. [...] (Mehr oder weniger) *Vollständig* kann eine Interpretation also nur bei Einbeziehung des kulturellen Wissens sein.[7]

Die Strömung der Lebensphilosophie wird in dieser Arbeit im Sinne Titzmanns als „kulturelles Wissen" verstanden und zwar als „gruppenspezifisches Wissen"[8], welches zu den „Prämissen der Produktion, Distribution, Rezeption von Texten"[9] gehört. Daher soll hier auch gezeigt werden, daß Arthur Schnitzlers Werk sehr wohl den sozialen und historischen Hintergrund seiner Zeit reflektiert. Gerade die Werke der Hoch- und Spätphase ab ca. 1910 sind hier zu nennen und werden in dieser Arbeit auch unter diesem Aspekt betrachtet.

Darüber hinaus mag die mangelnde explizite Nennung eines Bezugs zum zeitgenössischen kulturellen Hintergrund in dem generellen Mißtrauen Schnitzlers gegenüber philosophischen Weltentwürfen begründet sein, die ihm oft als zu unpräzise und verschwommen erschienen:

> ‚Im Dunkeln ist gut munkeln;' – dieser Spruch läßt sich sehr gut auf das philosophische Gebiet übertragen; in Klarheit und Licht ist nur den wenigsten wohl und sie flüchten sich gerne dahin, wo es keine Kontrolle gibt; also dorthin, wo das einzige menschliche Verständigungsmittel, das Wort, seine Geltung verliert, vielmehr von Augenblick zu Augenblick seinen Kurs und seine Bedeutung wechselt. (BSB, 128)

Schnitzler hat sich nie offen als Anhänger irgendeiner philosophischen oder literarischen Zeitströmung zu erkennen gegeben, seine Werke sollten nicht dazu dienen, bestimmte Theorien zu beweisen: „he distrusted philosophical systems and held them to the beautiful, artistic creations."[10] Das Schubladendenken vieler Kritiker war ihm stark zuwider. Dies ist ein Hauptgrund warum Schnitzler selbst sich einer Tätigkeit als Feuilletonist immer verweigert hat, und zwar im Gegensatz zu den meisten seiner Schriftstellerkollegen. Auch der verhältnismäßig geringe Umfang des theoretisch-essayistischen Werkes hängt mit dem Bestreben zusammen, das literarische Werk für

---

[7] Titzmann: a.a.O. S. 402.
[8] vgl. Titzmann: a.a.O. S. 402f.. Kulturelles Wissen ist nach Titzmann „die Menge aller Propositionen, die die Mitglieder eines kulturellen Systems für wahr halten." Gruppenspezifisch ist es in diesem Falle, weil es sich auf „Wissenselemente, die nur die Mitglieder einer oder mehrerer Gruppen teilen" bezieht und andere Elemente ausgrenzt.
[9] Titzmann: a.a.O. S. 404.
[10] Reichert, Herbert W.: Nietzsche and Schnitzler. In: Studies in Arthur Schnitzler. Ed. b. Herbert W. Reichert and Herman Salinger. New York: AMS Press 1966. S. 95-108. hier: S. 96.

sich sprechen zu lassen.[11] Allerdings eignen sich die Aphorismen oft, um Anhaltspunkte für Schnitzlers grundsätzliche Positionen zu finden:

> Die Aphorismen sind ein wichtiger Anhaltspunkt, wenn man eine häufig für zweitrangig gehaltene Seite an Schnitzler, nämlich die philosophische oder besser: ethische, verstehen und einordnen möchte. [...] Letztlich kann man bei Schnitzler nicht so sehr von einer im engeren Sinne philosophischen Orientierung sprechen als vielmehr von einer rigoros persönlichen Weltanschauung, die uns zeigt, daß sein Werk eine ethische Dimension hat und uns eine Vorstellung sowohl von seiner Sicht auf Leben und Kunst vermittelt als auch von der Tiefe seines gesellschaftlichen und menschlichen Anliegens.[12]

Dennoch kann man auch an vielen Stellen des erzählerischen und dramatischen Werkes des Wieners festmachen, wie einflußreich der Begriff des Lebens, der gerade in der Philosophie der Jahrhundertwende eine tragende Rolle spielt, für die Handlungsweise seiner Figuren ist. Er erfährt im Werk Schnitzlers eine eigene Deutung. Seine große Wichtigkeit zeigt sich aber beispielsweise in seiner Einordnung unter die drei „Absoluten Güter", und zwar vor „Gesundheit" und „Liebe" an erster Stelle (vgl. EV, 30).

Auch ist Schnitzler selbst sich darüber im klaren gewesen, daß ein Autor nie die letztgültige Deutung seiner eigenen Schriften kennen kann, wie aus dem Vorwort zu seiner Aphorismensammlung deutlich wird:

> Auch zu Beiläufigkeiten bekenne ich mich, deren eigentlicher Sinn dem Leser zuweilen deutlicher werden könnte, als er mir selbst immer geworden ist. (BSB, 9)

Man hat das Werk Arthur Schnitzlers oft sehr einseitig mit der zeitgenössischen Dekadenzliteratur in Verbindung gebracht. Meist wurde dieser Begriff dabei zusätzlich ausschließlich negativ gedeutet[13] und dem Werk Schnitzlers dementsprechend unterstellt, es führe lediglich den Verfall von Moral und Sitte im Habsburgerreich ausdrücklich vor Augen, die wichtigen Figuren seien negativ konnotierte Décadents par excellence und dem Werk fehle somit „jede Spur eines Eingreifens"[14], also die Perspektivierung über passive Dekadenz hinaus. Damit scheint der Begriff der Dekadenz dem des Lebens diametral entgegenzustehen. Er bietet sich daher besonders an, um die Bedeutung des Lebens im Werk Schnitzlers herauszustellen. Bernhard Blume

---

[11] Hierin manifestiert sich u.a. einer der wesentlichen Unterschiede Schnitzlers zu berühmten Kollegen wie Hugo von Hofmannsthal oder Thomas Mann, die immer wieder versuchten, das Verständnis ihrer literarischen Werke durch Erläuterungen zu lenken.
[12] Farese, Giuseppe: Arthur Schnitzler. Ein Leben in Wien. 1862-1931. München: C.H.Beck 1999.
[13] Zur Interpretation des Begriffs „Décadence/Dekadenz" und seiner positiven Deutung im Sinne einer „Ästhetik des Häßlichen" vgl. Kapitel 2.1.
[14] Fritsche: a.a.O. S. 9.

formuliert in seiner lange Zeit für die Schnitzler-Forschung sehr einflussreiche Dissertation:

> Daß etwas zu Ende ist, spürt Schnitzler mit allen Nerven; daß etwas Neues wächst, bleibt ihm verschlossen; die Ablösung der décadence durch die Barbarei, das ist die ganze Sicht, die sich ihm bietet.[15]

Allerdings deutet Blume bereits an, welche Bedeutung der Lebensbegriff für das Werk Schnitzlers hat, wenn er von der „Lebensbejahung" der Figuren spricht, die Blume allerdings als „eigentümlich" und „gänzlich unnaiv"[16] empfindet und sie in der Folge als „Reaktionserscheinung" auf das Faktum des Todes und somit als „Rückschlag"[17] interpretiert.

Diese Arbeit geht davon aus, daß gerade die dem Dekadenzbegriff inhärente Dialektik in der Strömung der Lebensphilosophie produktiv aufgegriffen wird, somit letztlich über sich selbst hinausweist und auch ein dem Schnitzler'schen Werk innewohnendes Gestaltungsprinzip ist. Nicht umsonst verweist Schnitzler durchaus explizit auf die Leitgedanken seines Schaffens: „Absolute Güter: Leben, Gesundheit, Liebe. Relative Güter: Tugend, Ehre, Geld" (EV, 30) In dieser kleinen Notiz ruft Schnitzler seine Wertmaßstäbe auf und erkennt unter anderem das Leben als zentrales Gut an. Allerdings sind die Schwierigkeiten bei der Erlangung dieser Güter, welche im übrigen bei Schnitzlers Figuren immer wieder – zum Teil extrem – auftreten, bei Arthur Schopenhauer, einem der Vordenker der Lebensphilosophie, bereits angedeutet:

> A b s o l u t e s G u t ist demnach ein Widerspruch: höchstes Gut, *summum bonum*, bedeutet das Selbe, nämlich eigentlich eine finale Befriedigung des Willens, nach welcher kein neues Wollen einträte, ein letztes Motiv, dessen Erreichung ein unzerstörbares Genügen des Willens gäbe. Nach unserer bisherigen Betrachtung [...] ist dergleichen nicht denkbar. (WW I/2, 450)

Gerade im Spätwerk Schnitzlers zeigt sich die Diskrepanz zwischen Ideal und Wirklichkeit immer deutlicher.

Nachdem zunächst in einem theoretischen Teil die Begriffe „Dekadenz" sowie „Lebensphilosophie" in ihrer geschichtlichen Entwicklung und Bedeutung für die Literatur der Jahrhundertwende geklärt werden, soll im interpretatorischen Teil dieser Arbeit gezeigt werden, wie zentral auch für Schnitzler der Lebensbegriff ist und wie sich seine Deutung verändert. Hierzu sollen auch Texte des frühen Schnitzler herangezogen

---
[15] Blume, Bernhard: Das nihilistische Weltbild Arthur Schnitzlers. Stuttgart: Knöller 1936. S. 12.
[16] Blume: a.a.O. S. 18.
[17] Blume: a.a.O. S. 20.

werden, die in der bisherigen Forschung eher marginal behandelt und ästhetisch abgewertet wurden. Um die ganze Fülle des Lebenswerks abzudecken und eine Entwicklung des Lebensbegriffs aufzeigen zu können, werden vier Texte aus verschiedenen Schaffensepochen eingehender behandelt: *Sterben* (1892), *Der Schleier der Beatrice* (1899), *Professor Bernhardi* (1912) sowie *Therese. Chronik eines Frauenlebens* (1928).

Bisherige Versuche, den Lebensbegriff der Jahrhundertwende konkret auf das Werk Arthur Schnitzlers zu beziehen, hat es nur vereinzelt gegeben. Allerdings kommt bereits 1933 Friedrich Wilhelm Kaufmann zu dem Schluß, es könne „in bezug auf den höchsten Wert bei Schnitzler kein Zweifel entstehen: er ist das Leben selbst."[18] Auf Bernhard Blumes Ansätze wurde bereits hingewiesen. Richard Müller-Freienfels promovierte 1954 über „Das Lebensgefühl in Arthur Schnitzlers Dramen"[19], spricht jedoch hier immer noch über „die tiefe Angst und Verzweiflung des Dichters [...], der jedes Vertrauen in den Sinn des Lebens verloren hatte".[20] 1981 kam Ralph Michael Werner zu dem Ergebnis, „daß der lebensphilosophische Einfluß auf Schnitzlers literarische Produktion verhältnismäßig klein und daher nie konstitutiv gewesen"[21] sei. Bei Werner läßt sich aber eine generelle Indifferenz sowie großes Unbehagen gegenüber dem Begriff Lebensphilosophie konstatieren, wenn er diese als Basis für die „deutschvölkische Literatur des Dritten Reiches und ihrer Vorläufer"[22] bezeichnet. Zwar lassen sich gewisse Verbindungslinien hier nicht in Abrede stellen, gerade, was den biologistisch-vitalistischen Aspekt der Lebensphilopophie anbelangt. Doch stellt Werners Sichtweise bei der Vielschichtigkeit des Begriffs meines Erachtens eine unzulässige Verkürzung dar, die durch sein methodisches Vorgehen bedingt ist und zusätzlich nicht berücksichtigt, daß der „Wert des Lebens" nicht unbedingt identisch mit dem direkten Einfluß der Lebensphilosophie sein muß. Ernst Offermanns stellt immerhin ebenfalls 1981 bezüglich Schnitzlers Drama *Der Ruf des Lebens* nebenbei fest, das Stück sei „im

---

[18] Kaufmann, Wilhelm Friedrich: Zur Frage der Wertung in Schnitzlers Werk. In: PMLA 48/1933. S. 209-219. hier: S. 211.
[19] Müller-Freienfels, Richard: Das Lebensgefühl in Arthur Schnitzlers Dramen. Diss. Masch. Frankfurt/M. 1954.
[20] Müller-Freienfels: a.a.O. S. 6.
[21] Werner, Ralph Michael: Impressionismus als literarhistorischer Begriff. Untersuchung am Beispiel Arthur Schnitzlers. Frankfurt/M.: Lang 1981. S. 159.
[22] Werner: a.a.O. S. 173.

ganzen merklich vom Geiste zeitgenössischer Lebensphilosophie und jugendstilhafter Attitüde mitgeprägt."[23]

Erst in neuerer Zeit widmete sich Wolfgang Lukas den „epochalen Lebenskrisen" und vor allem „ihrer Lösung im Werk Arthur Schnitzlers"[24] und bereitete damit eine Basis für eine positive Neubewertung des Lebensbegriffs bei Schnitzler. Von besonderem Interesse für die Interpretationen in dieser Arbeit ist dabei die von Lukas getroffene Unterscheidung der Figuren in A- und B-Typen. Lukas geht dabei davon aus, daß die Personen in Schnitzlers Texten fast immer in zwei „disjunkte Klassen"[25] aufteilbar sind und damit sowohl eine „*ontologische*" als auch eine „*typologische* Klassifikation"[26] manifestiert, da beide Klassen sowohl am Einzelwesen nachweisbar als auch allgemein typisierbar sind. Somit kommt Lukas zu seiner Einteilung:

> Die Klasse der *Normalbürger* – sie seinen als ‚A-Figuren' bezeichnet – wird der Klasse der *vom bürgerlichen Lebensmodell Abweichenden* – sie seinen als ‚B-Figuren' bezeichnet – gegenübergestellt. Damit liegt eine der elementarsten semantischen Oppositionen nicht nur des gesamten Schnitzlerschen Œuvres, sondern auch der Epoche zugrunde, man kann sie als *die* Basisopposition der dargestellten Welten schlechthin bezeichnen: ‚*(bürgerliche) Normalität*' vs. ‚*Abweichung*'.[27]

Die B-Figuren erscheinen dabei grundsätzlich als „ein Fremdes"[28], von dem die bürgerlichen A-Figuren sich abheben möchten. Was Leben bedeutet, ist dabei je nach Klasse durchaus unterschiedlich:

> [Es] findet sich in den Texten der Terminus der ‚Welt', so in rekurrenten Formulierungen wie ‚eine Welt für sich', ‚eine andere, fremde Welt', ‚Welt ohne Gesetz' etc. Die Texte unterscheiden also eine regelrechte ‚A-Welt' und eine ‚B-Welt', denen zwei verschiedene Lebensmodelle zugeordnet werden.[29]

Lukas führt in der Folge die unterschiedlichen „semantischen Räume"[30] beider Figurenklassen an, um die Wesensunterschiede zu verdeutlichen. Auf diese Einteilung der Figuren Schnitzlers wird im Rahmen dieser Arbeit gelegentlich zurückgegriffen, um bestimmte Verhaltensweisen besser interpretieren zu können.

---

[23] Offermanns, Ernst L.: Geschichte und Drama bei Arthur Schnitzler. In: Arthur Schnitzler in neuer Sicht. Hg. v. Hartmut Scheible. München: Fink 1981. S. 34-53. hier: S. 42.
[24] Lukas, Wolfgang: Das Selbst und das Fremde. Epochale Lebenskrisen und ihre Lösung im Werk Arthur Schnitzlers. München: Fink 1996.
[25] Lukas: a.a.O.. S. 21.
[26] Lukas: a.a.O.. S. 21.
[27] Lukas: a.a.O.. S. 22.
[28] Lukas: a.a.O.. S. 22.
[29] Lukas: a.a.O.. S. 22.
[30] Lukas: a.a.O.. S. 24.

In anderen Arbeiten wird höchstens am Rande auf den Lebensbegriff bei Schnitzler eingegangen, da dieser bei ihm im Gegensatz zu anderen Dichtern erst aus den Tiefenschichten der Texte freigelegt werden muß.

2 Dekadenz und Lebensphilosophie

Beide Begriffe scheinen sich vollkommen zu widersprechen, und doch bilden sie ein für die Zeit der Jahrhundertwende zentrales Begriffspaar, denn bei beiden steht die Interpretation von „Leben" im Mittelpunkt. Man versucht heute, die denkerischen Fundamente jener Zeit mit den verschiedensten Bezeichnungen zu erfassen, um ihrer geistigen Uneinheitlichkeit gerecht zu werden. Erst zusammengenommen ergeben all diese Bezeichnungen eine Art von Gesamtbild. Diese Grundhaltung der Jahrhundertwende hat Robert Musil sehr deutlich formuliert:

> Es wurde der Übermensch geliebt, und es wurde der Untermensch geliebt; es wurden die Gesundheit und die Sonne angebetet, und es wurde die Zärtlichkeit brustkranker Mädchen angebetet; [...] man war gläubig und skeptisch, naturalistisch und preziös, robust und morbid; [...] Dies waren freilich Widersprüche und höchst verschiedene Schlachtrufe, aber sie hatten einen gemeinsamen Atem; würde man jene Zeit zerlegt haben, so würde ein Unsinn herausgekommen sein wie ein eckiger Kreis, der aus hölzernem Eisen bestehen will, aber in Wirklichkeit war alles zu einem schimmernden Sinn verschmolzen.[31]

Mit Lebensphilosophie ließe sich spontan als erstes die Epochenbezeichnung des Jugendstils assoziieren, gilt doch dieser als besonders vitalitätsbejahend mit seinem Hang zum Ornamentalen und Überschwenglichen. So stellt beispielsweise Adalbert Schlinkmann diesen Zusammenhang ausführlich dar.[32] Der Begriff der Dekadenz dagegen ist nach wie vor grundsätzlich negativ konnotiert, Verfall und Untergang gelten als ihre Grundpfeiler. Eine etwas differenziertere Darstellung des Dekadenz-Begriffes soll im folgenden Kapitel versucht werden.

Der innere Zusammenhang von Lebensphilosophie und Dekadenz muß also zunächst verdeutlicht werden. Das dialektische Spannungsverhältnis, welches diesen beiden Positionen innewohnt, ist allerdings durchaus geeignet, das besondere Lebensgefühl um die Jahrhundertwende zu erhellen. Eine Tendenz ist ohne die andere kaum denkbar, denn ihr gemeinsamer Ausgangspunkt ist die Suche nach einer Theorie des Lebens. Die Dekadenzströmung bringt Erkenntnisse hervor, die den Blick vieler Philosophen auf das „Leben" geschärft haben. Andererseits sind die Erkenntnisse der Lebensphilosophie im

---

[31] Musil, Robert: Der Mann ohne Eigenschaften. Roman. Erstes und zweites Buch. Hg. v. Adolf Frisé. Neu durchgesehene und verbesserte Ausgabe 1978. Reinbek: Rowohlt 1999. S. 55.
[32] Schlinkmann, Adalbert: „Einheit" und „Entwicklung". Die Bildwelt des literarischen Jugendstils und die Kunsttheorien der Jahrhundertwende. Masch. Dis.. Bamberg 1974.

Hinblick auf den Wert des Lebens auch dazu geeignet, sich von einseitig negativ-dekadenten Verhaltensweisen zu emanzipieren.

Dieses spezifische Lebensgefühl der Jahrhundertwende kommt auch im Werk Arthur Schnitzlers immer wieder zum Ausdruck, läßt sich aber nicht einseitig auf eine Position festlegen. Allzu häufig wurden Schnitzlers Figuren einseitig als hoffnungslose Décadents interpretiert – zumal unter fragwürdiger Zuhilfenahme von biographischen Aspekten, etwa gewissen Schilderungen in Schnitzlers Autobiographie „Jugend in Wien" oder der Tatsache, daß Schnitzler seine heute vergessenen Jugendgedichte oft mit dem Pseudonym Anatol unterzeichnete, was dazu führte, ihn mit dem gleichnamigen Protagonisten des Einakter-Zyklus' gleichzusetzen. Erst bei genauerem Lesen der Texte und unter Berücksichtigung der dominierenden zeitgenössischen Denkmodelle wird deutlich, daß Schnitzlers Gedankenwelt zwar immer seine großen Themen zugrunde liegen, diese jedoch vor allem als Fundament für tiefere Weltdeutung dienen. Nichts anderes ist gemeint, wenn Schnitzler schreibt:

> Und klagt Ihr wieder Eure krit'sche Not,
> Ich wüßte nur von Lieb' und Spiel und Tod
> Das wohlvertraute Lied Euch vorzusingen –
> So seid getrost: in diesen ew'gen drei'n
> Ist alle Wahrheit und ihr Spiegelschein
> Und Sinn und Seel von allen Erdendingen. (BSB, 26)

Allzu leicht scheint es, dem Autor vorzuwerfen, sein schriftstellerisches Talent erschöpfe sich in der bloßen Darstellung des in den Versen angesprochenen Themenkreises. Liebe, Spiel und Tod evozieren ihrerseits Handlungs- und Reaktionsweisen der Figuren, die vor dem geistesgeschichtlichen Hintergrund der Epoche ihre volle Bedeutung erlangen.

So ist es also sinnvoll, Erscheinungen wie Dekadenz und Lebensphilosophie nicht nur isoliert zu betrachten, sondern aus der Dialektik ihres inneren Spannungsverhältnisses neue Einsichten in die so heterogene Epoche der Jahrhundertwende zu erlangen. Dekadenz kann nicht ohne den ihr innewohnenden Aspekt der Lebensbejahung gesehen werden, genauso wie lebensphilosophische Betrachtungen manchmal die Unmöglichkeit erweisen, dem wirklichen Wert des Lebens gerecht zu werden.

2.1 Zur Entwicklung des Dekadenz-Begriffs

> Das Wort hat keinen besonders guten Klang, sondern erweckt – vor allem bei weniger Gebildeten – unerfreuliche Assoziationen von physischer Degeneration, Niedergang ganzer Geschlechter und Völker, Sittenlosigkeit, biologischer und militärisch-politischer Schwäche.[33]

Diese Bemerkung Erwin Koppens trifft die Vorstellung, die die meisten Menschen mit dem Begriff Dekadenz verbinden. Viele Phänomene der heutigen Welt erscheinen dem spätbürgerlichen Bewußtsein als dekadent im Sinne von „abartig", „krank" und zum Untergang moralischer Setzungen führend. Analogien zum historischen Entstehen des Begriffs der Dekadenz sind unverkennbar. Die hochentwickelte Zivilisation des alten Rom ist diejenige, deren unaufhaltsamer Untergang erstmals im Zusammenhang mit dekadenten Erscheinungen gebracht wurde. In der *Verschwörung des Catilina* schildert Sallust, wie die positiven Errungenschaften einer großen Kultur ihren eigenen Untergang heraufbeschwören können:

> Als aber durch Tätigkeit und Gerechtigkeit der Staat sich vergrößert hatte, [...] da begann das Schicksal seine Tücke zu zeigen und alles durcheinanderzubringen. Denselben Männern [...] wurden Ruhe und Reichtum, sonst wünschenswerte Güter, zur Last und zum Verhängnis. [...] als dann aber die Fäulnis wie eine ansteckende Seuche um sich griff, da wandelte sich das ganze Volk, und aus der gerechtesten und besten Regierung wurde eine grausame und unerträgliche.[34]

Diese Erscheinungen sind vor allem in zwei Werken beschrieben, die den Dekadenzbegriff lange Zeit geprägt haben. Bereits 1734 verfaßte Charles de Montesquieu ein Werk mit dem Titel *Considérations sur les causes de la grandeur des romains et de leur décadence*. Mit diesem Werk setzt sich der Begriff der „Décadence" in Frankreich im allgemeinen Sprachgebrauch durch. Ebenfalls im 18. Jahrhundert, nämlich von 1776-1788, erschien die Studie des englischen Historikers Edward Gibbon (1737-1794) mit dem Titel *The history of the decline and fall of the Roman Empire*. Von sehr viel größerer inhaltlicher Bedeutung für die Entwicklung des Dekadenzbegriffs ist allerdings die Abhandlung von Jean-Jacques Rousseau mit dem Titel *Discours si le rétablissement des sciences et des arts a contribué à épurer les mœurs*, auch wenn in ihr der Begriff „Décadence" nicht explizit genannt wird. Rousseaus Denkmodell geht davon aus, daß der Fortschritt auf den Gebieten der Wissenschaften und Künste notwendig

---

[33] Koppen, Erwin: Dekadenter Wagnerismus. Studien zur europäischen Literatur des Fin de siècle. Berlin u.a.: de Gruyter 1973. S. 2.
[34] Sallust: Werke und Schriften. Lateinisch-Deutsch. Hg. v. Wilhelm Schöne. 4. unveränderte Auflage. Stuttgart: Heimeran 1969. S. 21f.

Dekadenzerscheinungen nach sich ziehe. Dieser Aspekt des Décadence-Begriffs blieb lange Zeit wirkmächtig, bis hinein in die Kritik am positivistischen Wissenschaftsideal des 19. Jahrhunderts.

1834 verfaßte der französische Literarhistoriker Désiré Nisard seine *Etudes de mœurs et de critique sur les poètes latins de la décadence*, in denen er die zeitgenössische französische Romantik mit dem Décadencebegriff in – negative – Verbindung bringt, wenn auch mehr in formaler Hinsicht: Inhaltlose Sprachformeln und sinnlose Detailverliebtheit werden ihm zu Kennzeichen des Literaturverfalls. Direkt aufgegriffen wurde dieser Vorwurf kurze Zeit später von Charles Nodier, der in seinem Essay *Du fantastique en littérature* allerdings die Notwendigkeit einer dekadenten Literatur verteidigt und den Begriff des Décadents explizit auf sich anwendet. Damit ist in der Geschichte des Begriffs ein Wendepunkt eingetreten, denn diese Diskussion steigerte sich im folgenden weiter, bis Charles Baudelaire 1867 die *Notes nouvelles sur Edgar Allen Poe* als Vorwort zu seiner Übersetzung der Erzählungen Poes verfaßte. Die *notes* beginnen mit den – auch typographisch abgesetzten – Worten: „Littérature de décadence!"[35] Der Begriff „Décadence" löst sich mit Baudelaire von seiner negativen Konnotation. Wichtiger als Verfall und Untergang werden jetzt etwa Verfeinerung der Genüsse und absolutes Preisen der Schönheit, wichtig ist vor allem auch die Entsprechung von Inhalt und Form. Ornamentale Elemente in der Sprache werden propagiert. Allem, was dem bürgerlichen Bewußtsein als fortschrittsfeindlich und verkommen erscheint, wird eine ästhetische Seite abgewonnen, das Häßliche wird plötzlich kraft der dichterischen Sprache schön. Berühmtestes Beispiel dafür sind sicherlich Baudelaires *Fleurs du mal*, die die Ästhetik des Häßlichen feiern wie kaum ein anderes Werk vorher. Der ausgeprägte positivistische Fortschrittsglaube des 19. Jahrhunderts wird ad absurdum geführt:

> Damit [mit der Verneinung des Fortschrittglaubens] hat Baudelaire vorweggenommen, was die programmatische Basis der Décadence-Literatur der letzten Jahrzehnte des 19. Jahrhunderts sein wird: die Proklamation der Décadence als ästhetisches Gegenideal zum Glauben an den zivilisatorischen Fortschritt.[36]

So beschreibt Baudelaire beispielsweise im Bild der „soleil agonisant" den Reichtum der sensuellen Eindrücke, die der Dekadenz-Dichter dem Untergang der Sonne

---

[35] Baudelaire, Charles: Notes nouvelles sur Edgar Poe. In: Nouvelles histoires extraordinaires par Edgar Poe. Hg. v. Jacques Crépet. Paris: Connard 1933.
[36] Koppen: a.a.O. S. 29.

abgewann. Licht und Farben werden in ihrer sinnlichen Wirkung faßbar, jeder schnöde Realismus wird von der Literatur ferngehalten:

> Ce soleil qui, il y a quelques heures, écrasait toute chose de sa lumière droite et blanche, va bientôt inonder l'horizon occidental de couleurs variées. Dans les jeux de ce soleil agonisant, certains esprits poétiques trouveront des délices nouvelles ils y découvriront des colonnades éblouissantes, des cascades de métal fondu, des paradis de feu, une splendeur triste, la volupté de regret, toutes les magies du rêve, tous les souvenirs de l'opium. Et le coucher de soleil leur apparaîtra en effet comme la merveilleuse allégorie d'une âme chargée de vie, qui descend derrière l'horizon avec une magnifique provision de pensées et de rêves.[37]

Noch weiter ausgeführt wird dieser Décadence-Begriff in den *Notices*, die Théophile Gautier als Einleitung zu einer Ausgabe der *Fleurs du mal* abfaßte. Gautier zählt dezidiert auf, was zum dekadenten Stil gehört und benutzt in diesem Zusammenhang auch bereits den Terminus „Symbolismus", der sich auch auf die eben zitierte Baudelaire-Passage sehr gut anwenden läßt. Diese vor allem in ihrer spezifisch französischen Ausrichtung zu Weltruhm gelangte Strömung ist in ihrer grundsätzlichen Ausrichtung allerdings von der Décadencebewegung abzusetzen, wie Koppen betont:

> Symbolismus und Décadence sind zwar in der französischen Literaturgeschichte zwei so eng benachbarte Phänomene, daß man nicht von dem einen handeln kann, ohne das andere wenigstens im Auge zu behalten. Dennoch bezieht sich der Terminus ‚Décadence' auf eine grundsätzlich andere semantische Ebene als die Bezeichnung ‚Symbolismus': bezieht sich diese vorwiegend auf sprachliche und poetologische Erscheinungen, die sich in Stil und Form eines literarischen Werks manifestieren, so umreißt Décadence eine Haltung dem Leben und der Gesellschaft gegenüber, deren literarische Phänomene weniger in der Sprache als in bestimmten gehaltlichen Charakteristika (Motiven, Charakteren usw.) in Erscheinung treten.[38]

Der Symbolismus ist als eine „poésie pure" zu verstehen, die Dichtung völlig aus ihrem sozialen Zusammenhang herauslöst und sich damit bewußt von einer „poésie engagée" distanziert, welche explizit politisch-gesellschaftliche Tendenzliteratur sein will. An dieser Stelle seien mit Arthur Rimbaud, Stéphane Mallarmé und Paul Verlaine nur die Hauptvertreter des französischen Symbolismus genannt, dem in der deutschen Literatur Rainer Maria Rilke und Stefan George sowie der junge Hugo von Hofmannsthal am nächsten kommen.

Zum Inbegriff der französischen Décadence wird schließlich der Roman *A rebours* von Joris-Karl Huysmans. Der Protagonist dieses Buches, der Herzog des Esseintes, flieht vor der als feindlich empfundenen banalen Außenwelt auf seinen Landsitz, wo er sich in purer ästhetizistischer Haltung rauschhaften Genüssen aller Art hingibt und sich, mit

---

[37] Baudelaire, Charles: Œuvres complètes. zit. n.: Rasch, Wolfdietrich: Die literarische Décadence um 1900. München: C.H.Beck 1986. S. 25. Im folgenden als „Décadence" zitiert.

einem Wort Hofmannsthals, „seine Welt in die Welt hineinbaut"[39]. Zur Theorie der Décadence trägt vor allem Paul Bourget bei, der in seinen *Essais de psychologie contemporaine* unter anderem einen Abschnitt explizit *Théorie de la décadence* betitelt und deutlich auf den Verlust sozialen Denkens beim dekadenten Menschen hinweist:

> Si l'énergie des cellules [gemeint sind die einzelnen Zellen des (Staats-)körpers, die das gesamte Gebilde funktionieren lassen] devient indépendante, les organismes qui composent l'organisme total cessent pareillement de subordonner leur énergie a l'énergie totale, et l'anarchie qui s'établit constitue la décadence de l'ensemble.[40]

Der dekadente Ich-Kult wird wesentlich von Maurice Barrès Romantrilogie *Le culte de moi* bestimmt, die Hugo von Hofmannsthal in der „Modernen Rundschau" rezensiert und dabei ausdrücklich die psychologischen Implikationen betont:

> Es ist die Systematik des heutigen Lebens, die Ethik der modernen Nerven. [...] Der einsame Mensch, dessen Monolog wir lesen, schaut in sich und will seine Seele erkennen, ganz erkennen vom kleinsten bis zum größten. Er will sie erkennen, bis er sie besitzt, um sich ein Leben der Herrlichkeit zu gründen, Herr seines Ich und Wissender seines Empfindens.[41]

Der Begriff der Dekadenzliteratur läßt sich auf alle Nationalliteraturen jener Zeit anwenden. In England wird Oscar Wildes *The picture of Dorian Gray* zum programmatischen Buch der Dekadenz, in Italien prägt Gabriele D'Annunzios *Il piacere* den italienischen „decadentismo". Sehr produktiv sind zu dieser Zeit auch die skandinavischen Dichter. Zu nennen sind hier vor allem Jens-Peter Jacobsen mit seinem Roman *Niels Lyhne*, Hermann Bang (z.B. *Das weiße Haus*) oder auch Arne Garborg mit dem bezeichnenden Romantitel *Trætte maend (dt.: Müde Seelen)*.

---

[38] Koppen: a.a.O.. S. 46.
[39] vgl.: Hofmannsthals Brief an Richard Beer-Hofmann vom 15.5.1895. In: Hugo von Hofmannsthal/Richard Beer-Hofmann: Briefwechsel. Hg. v. Eugene Weber. Frankfurt/M.: S. Fischer 1972. S. 47.
[40] Bourget, Paul: Essais de psychologie contemporaine. Études littéraires. Édition établie et préfacée par André Guyaux. Paris: Gallimard 1993. S. 14.
[41] Hofmannsthal, Hugo von: Maurice Barrès. In: ders.: Reden und Aufsätze I. 1891-1913. (Gesammelte Werke 8). Frankfurt/M.: Fischer 1979.S. 118-126. hier: S. 119f..

2.1.1 Der Dekadenz-Begriff in der literarischen Wiener Moderne

In den Umkreis der Wiener Moderne kam der Décadence-Begriff vor allem durch die Vermittlung Hermann Bahrs, des großen Mentors der Jung-Wiener Autoren, mit dem auch Arthur Schnitzler Zeit seines Lebens eine Art Haßliebe verband.[42] Bahr war Ende der 80er-Jahre nach Paris gereist und bekam nun dort einen tiefen Einblick in die zeitgenössische französische Literatur. Neben einer grundsätzlichen Neubewertung des Naturalismus, den Bahr bis dahin vorbehaltlos propagiert hatte[43], kam er jetzt auch erstmals in Berührung mit der französischen Décadence-Literatur eines Joris-Karl Huysmans, eines Paul Bourget oder eines Maurice Barrès. Mit diesen neuen Lektüreerfahrungen war für Bahr der Zeitpunkt gekommen, sich vom Naturalismus abzusetzen, ihn produktiv zu überwinden, wie er es schließlich in seiner programmatischen Schrift *Die Überwindung des Naturalismus* von 1891 formulierte. Bahr gilt in der literarischen Moderne als geradezu zwanghafter Erneuerer:

> Als der Naturalismus überwunden ist, geht es darum, den Symbolismus, die Neuromantik, die Mystik der Nerven oder wie immer er das zu nennen pflegte, ihrerseits zu überwinden, um zum Impressionismus zu gelangen; und alsbald [...] wird der Impressionismus verlassen und zugunsten des Expressionismus überwunden. Das nun hat in seinem Rigorismus keine Parallele mehr in der zeitgenössischen Literaturkritik.[44]

Diese Haltung Bahrs hat viel Kritik hervorgerufen, ist jedoch bezeichnend für die innere Einstellung seiner Zeit. In der Person Bahrs tritt sie allerdings in Reinform auf, worüber dieser sich selbst durchaus bewußt war:

> Wenn Du [gemeint ist Bahrs Vater] in Deinem letzten Briefe meinst, meine Anschauungen und politischen und sozialen Wünsche würden, realisiert, mich sehr bald enttäuschen und mich ebenso zum Gegner haben wie die Gegenwart, so ist das nicht nur vollständig richtig, sondern sogar die eigentliche Quintessenz meiner Anschauung. Ich bin ein lebhafter Anhänger der gegenwärtig sich vorbereitenden sozialen Revolution, aber ich bleibe dieser Anhänger nur, solang sie unterdrückt ist und vergeblich nach Sieg ringt. An dem Tage, an dem sie diesen Sieg erringt, stehe ich mich allen meinen Sympathien ebensosehr auf der Seite ihrer Gegner, wie ich heute diese Gegner mit Haß verfolge. Mein Prinzip ist im Grunde nichts anderes als die Hegelsche Dialektik oder das ewige, unsterbliche παντα σει des dunklen Herakleitos. Alles wird in der Welt ohne Unterlaß, und wer einmal Glied dieser Welt, erfüllt seine Aufgabe nur, indem er an diesem ewigen Werden teilnimmt und es nach seinen Kräften unterstützt ...

---

[42] So ist Bahr beispielsweise der Einzige von Schnitzlers näheren Bekannten, mit dem er sich duzte; eine Tatsache allerdings, die er später selbst häufig als störend empfand.
[43] Diese Tatsache läßt sich auch an Bahrs eigenen literarischen Versuchen nachweisen, die zwar heute literarisch als bedeutungslos eingestuft werden, in ihrer Gestaltung aber eine ganz klare Verbindung zum europäischen Naturalismus eines Ibsen oder Zola aufweisen. Vgl. etwa Bahrs Drama *Die neuen Menschen* von 1887, bei dem schon der Titel programmatisch im naturalistischen Sinn ist.
[44] Wunberg, Gotthard: Deutscher Naturalismus und Österreichische Moderne. zit. n.: Lorenz, Dagmar: Wiener Moderne. Stuttgart: Metzler 1995. S. 41f.

> nichts Beharrendes, nur keine Dauer, nur kein Gleichbleiben! Fluß, Bewegung, Veränderung, Umsturz ohne Unterlaß: denn jedes Neue ist besser, schon weil es jünger ist als das alte.[45]

Bemerkenswert ist an dieser Stelle die Ähnlichkeit der Bahr'schen Terminologie mit bestimmten Gedanken der Lebensphilosophie, so vor allem der Vorstellung von einem steten Fluß des Lebens im Sinne des Heraklitischen *pantha rei*. Auch hieran läßt sich ersehen, wie stark grundsätzlich das Gedankengut einer Zeit durch die vorherrschenden Diskurse geprägt ist und daß die Annahme einer ständigen impliziten interdiskursiven Beeinflussung keineswegs abwegig ist.

1890 erschien Bahrs Essay-Sammlung *Studien zur Kritik der Moderne*. In diesem Band befindet sich unter anderem ein *Die Décadence* betitelter Aufsatz, in dem Bahr versucht, die grundsätzlichen Merkmale einer Literatur der Dekadenz herauszuarbeiten. Von einer „Hingabe an das Nervöse", einer „Liebe des Künstlichen" und einer „fieberischen Sucht nach dem Mystischen"[46] ist dort die Rede. Die neue Kunst der Dekadenz ist nach Bahr eine „Nervenkunst":

> Ich glaube also, daß der Naturalismus überwunden werden wird durch eine nervöse Romantik: noch lieber möchte ich sagen: durch eine Mystik der Nerven. Dann freilich wäre der Naturalismus nicht bloß ein Korrektiv der philosophischen Verbildung. Er wäre dann geradezu die Entbindung der Moderne: Denn bloß in dieser dreißigjährigen Reibung der Seele am Wirklichen konnte der Virtuose im Nervösen werden.[47]

Bahr betont die Sehnsucht nach Stimmungen, welche die dekadenten Dichter treibt, er prägt das Bild vom ästhetizistischen Künstler, der die rauhe Wirklichkeit nicht ertragen kann und in eine Welt der künstlichen Genüsse, der rauschhaften Übersteigerung flieht.

Der große Einfluß, den Bahrs Schriften ausübten, hat wesentlich mit dazu beigetragen, daß die Literatur Jung-Wiens lange Zeit als deutschsprachige Dekadenzliteratur schlechthin angesehen wurde. Diese Sichtweise hat sich mittlerweile als eindimensional herausgestellt, auch wenn neben dem Werk Schnitzlers vor allem bei Hugo von Hofmannsthal Dekadenz und Ästhetizismus Grundkonstanten des Frühwerks sind. Verkörpert werden sie etwa durch die Figur des Andrea in Hofmannsthals lyrischem Einakter *Gestern*, der sein Leben ganz auf den Genuß des Augenblicks auslegt und das ‚Gestern' verneint:

---

[45] Bahr, Hermann: Brief an seinen Vater vom 14. März 1887. zit. n.: Jugend in Wien. Literatur um 1900. Ausstellungskatalog des Schiller-Nationalmuseums. Kösel: München 1974. S. 77.
[46] Bahr, Hermann: Die Décadence. In: Wunberg/Braakenburg. S. 231.
[47] Bahr, Hermann: Die Überwindung des Naturalismus. In: Wunberg/Braakenburg. S. 202.

> Laß dir des Heute wechselnde Gewalten, / Genuß und Qualen, durch die Seele rauschen,/ Vergiß das Unverständliche, das war:/ Das Gestern lügt und nur das Heut ist wahr!/ Laß dich von jedem Augenblicke treiben,/ Das ist der Weg, dir selber treu zu bleiben;/ Der Stimmung folg, die deiner niemals harrt,/Gib dich ihr hin, so wirst du dich bewahren,/ von Ausgelebtem drohen dir Gefahren:/ Und Lüge wird die Wahrheit, die erstarrt![48]

Ein grandioses Beispiel für den Kult der Stimmungen und Nerven ist auch der vom jungen Hofmannsthal unter seinem Pseudonym Loris geschriebene Prolog zu Schnitzlers *Anatol*, der eine leichte, schwebende Stimmung beschwört, die sich vollkommen im Ästhetischen verliert. Sowohl in weiteren lyrischen Dramen, wie dem *Tod des Tizian* als auch in den Gedichten der Jugendjahre lassen sich weitere Belege für die ästhetizistische Haltung des jungen Hofmannsthal finden.

Darüber hinaus gibt es unter den Autoren der Wiener Moderne fast keinen, der nicht mit irgendeinem Werk der Dekadenzliteratur zugerechnet werden kann. Berühmte Beispiele dafür sind Richard Beer-Hofmanns *Der Tod Georgs*, Leopold Andrians *Der Garten der Erkenntnis* oder auch Felix Dörmanns Lyriksammlung *Neurotica*. Die literarische Qualität ihrer Schriften ist allerdings stark unterschiedlich. Dörmann etwa bleibt einem oberflächlichen Dekadenzbegriff verhaftet. So gilt etwa sein Gedicht „Was ich liebe" als

> prototypischer Ausdruck des dekadenten Lebensgefühls [...], wie es sich so unverfälscht, ungebrochen und unkritisch bei keinem Dichter der Wiener Moderne wiederfindet.[49]

2.1.2 Motive und Themen der Dekadenzliteratur – Eine Übersicht

Im vorangegangenen Kapitel wurde der Dekadenzbegriff vor allem anhand konkreter Werke erhellt, die charakteristisch sind und begriffsbildend gewirkt haben. Hier soll nun ergänzend eine kurze Übersicht über die wichtigsten inhaltlichen Merkmale gegeben werden. Dabei werden die Motive und Charaktere etwas ausführlicher dargestellt, die für Arthur Schnitzlers Werk von Bedeutung sind.

Wie Erwin Koppen anmerkt, resultieren die Abgrenzungsschwierigkeiten zwischen Symbolismus und Dekadenz vor allem aus der Tatsache, daß zu viel Wert auf

---

[48] Hofmannsthal, Hugo von: Gestern. In: ders.: Gedichte. Dramen I. Frankfurt/M.: Fischer 1979. S. 218.
[49] Rieckmann, Jens: Aufbruch in die Moderne. Die Anfänge des jungen Wien. Österreichische Literatur und Kritik im Fin de siècle. 2. durchgesehene Auflage. Frankfurt/M.: Athenäum 1986. S. 112.

stilistisch-formale Elemente gelegt wurde.[50] Diese müssen jedoch als wesentlich lediglich für den Symbolismus betrachtet werden, da dieser sie sich als poetologisches Programm zu Grunde legt und sich in seinem Selbstverständnis über sie definiert.

Dekadenz dagegen stellt, wie Koppen anmerkt,

> eine Haltung dem Leben und der Gesellschaft gegenüber [dar], dessen literarische Phänomene weniger in der Sprache als in bestimmten gehaltlichen Charakteristika (Motiven, Charakteren usw.) in Erscheinung treten.[51]

Der ausgeprägte Haß gegenüber den Erscheinungen der industriellen Revolution im Laufe des 19. Jahrhunderts, der durch sie entstehenden Vermassung und dem menschenfeindlichen technischen Fortschritt sind Merkmale der in künstlichen Eigenwelten existierenden Dekadenzliteratur. Der Begriff der Künstlichkeit ist im Zusammenhang mit Dekadenzliteratur ganz besonders wichtig, das läßt sich auch an Texten Schnitzlers nachweisen. Künstlich sind die Gegenwelten, die von den dekadenten Charakteren entworfen werden. Huysmans' *A rebours* kann hier einmal mehr als paradigmatisches Beispiel dienen: Des Esseintes' Lebensentwurf ist der allgemeinen lebensweltlichen Wirklichkeit seiner Zeitgenossen so weit entrückt, daß es keinen Weg zurück zu geben scheint. Der künstliche Weltenentwurf des Décadents versteht sich als bewußte Abgrenzung von dem, was in der bürgerlichen Welt als Fortschritt verstanden wurde, nämlich der nüchterne, technokratische, gleichsam vom gefühlten Menschsein entfremdende Fortschritt. Koppen sieht die Dekadenzliteratur in diesem Sinne in einer Traditionslinie mit anderen antibürgerlichen Tendenzen am Ende des 19. und am Beginn des 20. Jahrhunderts: „sie [die Dekadenzliteratur] stünde also zwischen früher französischer Bohème, Mailänder Scapigliatura, Schwabing, Existenzialistenkeller, Beat und Hip."[52] In der Künstlichkeit fühlt sich der dekadente Mensch weder dem unkontrollierten Willen der Natur ausgesetzt, noch einem banalen technischen Fortschrittsglauben, sondern kann das ästhetische Dasein bis ins Extrem steigern. So ist beispielsweise auch der Frühling eine den Décadents verhaßte Jahreszeit, da er als Symbol für die wiedererwachende Natur gilt. Darin liegt natürlich auch ein äußerst lebensfeindliches Element, denn die Natur erwacht ja gerade im Frühling zu neuem Leben. Hier entfernt sich die dekadente Haltung ganz offensichtlich vom Leben, sie bricht bewußt mit der Tradition,

---

[50] vgl.: Koppen: a.a.O. S. 63ff.. Zu nennen sind hier vor allem: Musikalität, Evokationstechnik, Nuance und Hermetismus.
[51] Koppen: a.a.O. S. 46.

die die keimende Natur des Frühlings als Symbol der Hoffnung auffaßte. Baudelaire formuliert die Ablehnung der Natur in einem Brief so:

> Ich werde niemals glauben, daß die Seele der Götter in den Pflanzen wohnt, und selbst, wenn sie dort wohnen sollte, kümmerte mich das wenig, und ich würde meine eigene für ein sehr viel höheres Gut halten als jene der geheiligten Gemüse. Ich war sogar immer der Ansicht, daß die Natur, in ihrem Blühen, ihrem Sicherneuern etwas Trauriges, Hartes, Grausames an sich hat, fast etwas Schamloses.[53]

Die Ablehnung alles Naturhaften geht sogar so weit, daß der Zeugungsakt, als dem Hervorbringen neuen natürlichen Lebens dienend, radikal abgelehnt wird.[54]

Eine zentrale Rolle im Rahmen der Dekadenz-Motivik spielen erotische Motive. Erotik findet in der Dekadenzliteratur vornehmlich flüchtig und als Augenblicksseligkeit statt. Sie dient rein dem Genuß, der Befriedigung oberflächlich sexueller Bedürfnisse. Jegliche Moralgesetze verlieren ihre Gültigkeit, sie werden der Sucht des Décadents nach immer stärkeren Reizen geopfert. Gerade dieser Punkt hat im Zusammenhang mit dem Werk Arthur Schnitzlers für viele Mißverständnisse gesorgt. Die häufige Darstellung erotischer Motive bei Schnitzler ist zwar teilweise Zeichen der Dekadenz, trägt jedoch auf Grund der Darstellungsweise den Keim der Dekadenzkritik immer schon in sich. Mit der verstärkten Verwendung erotischer Motive geht auch die Verwendung des Typus der Kurtisane einher. Diese steht sinnbildlich für die freie, vom Zwecke der Fortpflanzung entbundene Erotik. Otto Weininger ging sogar so weit, alle Frauen in zwei Grundtypen aufzuteilen: die Mutter und die Dirne.[55] Weininger verweist hier deutlich darauf, wo der Unterschied zwischen beiden Typen zu suchen sei: „Die Mutter steht ganz unter dem Gattungszweck; die Prostituierte steht außerhalb desselben."[56] Die Kurtisane also bedient genau die Bedürfnisse des Décadents nach Liebe ohne Verantwortung und Konsequenzen. Sie ist in der dekadenten Literatur ein positiv bewerteter Typus. Es ist dem Mann, der sich ihrer bedient, durchaus möglich, sich in diese Frau zu verlieben, gerade auf Grund der Tatsache, daß sie echte, ungetrübte Leidenschaft vermittelt. Christian Buddenbrook in Thomas Manns *Die Buddenbrooks* ist ein

---

[52] Koppen: a.a.O. S. 66.
[53] Baudelaire, Charles: Brief an Ferdinand Desnoyer 1855. In: Sämtliche Werke. Bd. 3. München 1975. S. 405.
[54] vgl.: Rasch: Décadence. S. 51f..
[55] vgl.: Weininger, Otto: Geschlecht und Charakter. Eine prinzipielle Untersuchung. Achtzehnte, unveränderte Auflage. Wien: Braumüller 1919.
Hierin vor allem das Kapitel „Mutterschaft und Prostitution", S. 273-306.
[56] Weininger: a.a.O. S. 287.

typischer Fall des nervenkranken Décadents, der sich mit Kokotten einläßt und schließlich sogar eine davon, Aline Puvogel, heiratet. Ihr Pendant findet die positive literarische Darstellung der Kurtisane in der Malerei, man denke an so berühmte Bilder wie Manets *Nana*, die auch in Verbindung zur gleichnamigen Titelheldin des Romans von Emile Zola steht. Zola, der große Naturalist, ist im Übrigen in vielen seiner Werke motivisch durchaus in der Nähe der französischen Décadence angesiedelt und hat seine Einstellung 1866 auch deutlich formuliert:

> Mon goût, si l'on veut, est dépravé; j'aime les ragoûts littéraires fortement épicés, les œuvres de décadence où une sorte de sensibilité maladive remplace la santé plantureuse des époques classiques. Je suis de mon âge.[57]

Zwei gerne verwendete Frauentypen der Dekadenz hängen mit der spezifischen Sichtweise der Erotik zusammen: die „femme fatale" und die „femme fragile". Beide Typen finden sich in der „femme enfant" vereinigt wie Schnitzler sie in der Figur der Beatrice Nardi gestaltet hat (vgl. Kap. 3.3). In der das rauschhafte Leben symbolisierenden „femme fatale" hat sich dabei etwas Elementares, auf reiner Sinnlichkeit Beruhendes erhalten, nach dem sich der Mann in der technisierten Fortschrittswelt sehnt. Sie symbolisiert die ursprüngliche Macht der Natürlichkeit und hat dabei sogar etwas Tierisches an sich. Im Prolog zu Frank Wedekinds Lulu-Tragödie *Erdgeist* wird diese Sichtweise der Frau am Beispiel der Lulu ganz deutlich, wenn der Tierbändiger sie als „unsre Schlange" ankündigt:

> Sie ward geschaffen, Unheil anzustiften, / Zu locken, zu verführen, zu vergiften - / Zu morden, ohne daß es einer spürt / [...] Du hast kein Recht, uns durch Miaun und Fauchen / Die Urgestalt des Weibes zu verstauchen, / [...] Du sollst – drum sprech' ich heute sehr ausführlich - / Natürlich sprechen und nicht unnatürlich![58]

Auch hier führt die Sichtweise Weiningers wieder in diese Richtung, der von der „Wesenlosigkeit"[59] der Frau spricht, deren einzige Funktion darin bestehe, den Gegenpol zur männlichen Göttlichkeit zu bilden:

> Der S i n n des Weibes ist es also, N i c h t – S i n n zu sein. Es repräsentiert das N i c h t s, den Gegenpol der Gottheit, die a n d e r e M ö g l i c h k e i t im Menschen.[60]

Auch zum Mythos der „femme fatale" ist wieder der Querverweis zum Werk Zolas angebracht, dessen Bezüge zur Décadence kaum unterschätzt werden können. Seine

---

[57] Zola, Emile: Mes haines. Causeries littéraires et artistiques. Genf: Slatkine Reprints 1979. S. 67f..
[58] Wedekind, Frank: Lulu. Erdgeist. Die Büchse der Pandora. Stuttgart: Reclam 1989. S. 9.
[59] Weininger: a.a.O. S. 390.
[60] Weininger: a.a.O. S. 394.

Figur der Nana ist genau jene männervernichtende ursprüngliche Naturgewalt, wie sie auch Lulu repräsentiert; eine Tatsache, die man sogar aus beider Namen ableiten könnte, die aus etwas wie einem „naiven Urlaut"[61] bestehen.

Der Verweis auf Schnitzler liegt beim Motiv der Erotik nah, die Thematisierung von dekadenter Erotik – man denke nur an den *Anatol* –, zieht sich bei ihm durch das Gesamtwerk, viele seiner Figuren sind lust- und triebbestimmt, was diese immer wieder in ausweglose Situationen bringt.

Ein Motiv der Décadence, welches auch für die in dieser Arbeit thematisierte Dialektik von Dekadenz und Lebensphilosophie von entscheidender Bedeutung ist, ist das Motiv des „Wissens um Verlorenes"[62]. Angesprochen wird damit die Tatsache, daß im Erkennen und Darstellen dekadenter Zustände das Wissen um den positiven Zustand immer impliziert ist. Wenn Rasch feststellt, die Autoren der Décadence wüßten, daß die Werte der „Gesundheit, Lebenskraft, Tatkraft" für „die eigene Zeit verloren"[63] sind, ist darin gleichzeitig auch die Erkenntnis enthalten, daß es gelte, diese Werte für die Zukunft als normativ wiederherzustellen bzw. ihre Geltung als erstrebenswert erscheinen zu lassen. Der Décadent selbst ist zu schwach, um die Anstrengung zu vollbringen, seinen Zustand zu überwinden, daher verfällt er der Ästhetik des Häßlichen. Er sieht im Verfall der Schönheit ihren ganzen Glanz und geht in diesem Gefühl auf. Das Vergangene verleiht in diesem Fall dem Gegenwärtigen seine Schönheit. An diesem Punkt zeigt sich deutlich das Ineinanderverschmelzen von Lebensverneinung und –bejahung in der Dekadenz. Jede Darstellung von Verfall und Untergang - scheine sie zunächst auch noch so kritiklos - trägt immer die Möglichkeit des Gegenteils in sich.

---

[61] Rasch: Décadence. S. 83.
[62] vgl.: Rasch: Décadence. S. 110ff..
[63] Rasch: Décadence. S. 110.

2.2 Zum Begriff des Lebens in der Philosophie

> Es ist nicht die Gerechtigkeit, die hier zu Gericht sitzt; es ist noch weniger die Gnade, die hier das Urteil verkündet: sondern das Leben allein, jene dunkle, treibende, unersättlich sich selbst begehrende Macht.
>
> [Friedrich Nietzsche]

> Leben ist das Grundwort der Epoche, ihr Zentralbegriff, vielleicht noch ausschließlicher geltend, als der Begriff der Vernunft für die Aufklärungszeit oder der Begriff Natur für das spätere 18. Jahrhundert.[64]

Diese Feststellung Wolfdietrich Raschs, die dem Leben einen so immens hohen Stellenwert zuweist, erscheint umso erstaunlicher, da sehr viel öfter die Zeit der Jahrhundertwende mit negativ konnotierten Begriffen belegt wurde. Dekadenz (in der einseitig negativen Bedeutung des Wortes), Todessehnsucht, Untergangsstimmung, Zerfall des Individuums, Flucht in den Ästhetizismus oder nihilistische Sinnverneinung, all dies gilt als Kennzeichen der Dichtung und Philosophie der Jahrhundertwende und entwirft insgesamt ein eher düsteres Bild jener Zeit.

Die Schwierigkeiten, die hier auftreten, mögen etwa darin begründet sein, daß „Leben" ein eher unscharfer und sehr allgemeiner Begriff ist und es einer genaueren Bestimmung bedarf, welche Bedeutung ihm philosophiegeschichtlich zukommt. Es existiert keine philosophische Schule, die eine einheitliche Definition des Lebensbegriffes in die Philosophiegeschichte eingebracht hätte. Man hat es hier oft nur mit einem Teilaspekt der philosophischen Theorien verschiedener großer Denker zu tun. Bei all diesen Theorien steht der Begriff des Lebens derart im Mittelpunkt der Betrachtung, daß man dafür den Begriff „Lebensphilosophie" gefunden hat. Auch dieser ist zunächst durchaus problematisch, ist er doch heute auch in der Umgangssprache tief verankert. Möchte jemand seine grundsätzlichen Überzeugungen mitteilen, spricht er dementsprechend leicht von seiner „Lebensphilosophie". Auch konstatiert Otto Friedrich Bollnow eine „gewisse gedankliche Unbestimmtheit"[65] bezüglich des Begriffs „Lebensphilosophie", die diese zugunsten der terminologisch schärferen und zudem den Seinsbegriff in den Mittelpunkt stellenden Existenzphilosophie der Heidegger-Schule in den Hintergrund gerückt habe. Der Neukantianer Heinrich Rickert, einer der schärfsten Kritiker der

---

[64] Rasch, Wolfdietrich: Aspekte der deutschen Literatur um 1900. In: ders.: Zur deutschen Literatur seit der Jahrhundertwende. Gesammelte Aufsätze. Stuttgart: Metzler 1967. S. 1-48. hier: S. 17.
[65] Bollnow, Otto Friedrich: Die Lebensphilosophie. Berlin u.a.: Springer 1958. S. 1.

Lebensphilosophie, sieht diese als reine Modephilosophie, die an ihrer begrifflichen Unbestimmtheit kranke. Nach Rickert muß philosophisches Denken eine systematische Grundlage besitzen: „Die Philosophie braucht Prinzipien, die gliedern und gestalten."[66] Der Lebensphilosophie wirft Rickert dann auch vor allem ihre „Prinzipienlosigkeit" vor. Allerdings hat schon Nietzsche dieser Neigung zur Systembildung eine Absage erteilt: „Ich mißtraue allen Systematikern und gehe ihnen aus dem Weg. Der Wille zum System ist ein Mangel an Rechtschaffenheit." (GAG, 84)

Wenn in dieser Arbeit von Lebensphilosophie gesprochen wird, ist eine geistige Haltung gemeint, die den Begriff des Lebens als ihren zentralen Bezugspunkt nimmt und Denken sowie Handeln an ihm ausrichtet. Es wird daher auch nicht darum gehen, künstlich einen Bezug Arthur Schnitzlers zu den Positionen der Lebensphilosophie zu konstruieren. Gezeigt wird vielmehr die spezifische Interpretation des Lebensbegriffs bei Schnitzler, die aber von der zeitgenössischen Lebensphilosophie als „kulturelles Wissen" im Sinne Titzmanns (vgl. Kap. 1) durchaus beeinflußt ist.

Wie zentral dieser Begriff um die Jahrhundertwende war, mag sich auch daran ablesen lassen, daß er nicht auf Dichtung und Philosophie beschränkt blieb. Auch ein berühmter Architekt wie Otto Wagner, der ebenfalls der Wiener Moderne zugerechnet wird, formulierte 1895 im Vorwort seines berühmtesten Architekturlehrbuchs *Die Baukunst dieser Zeit*:

> Ein Gedanke beseelt die ganze Schrift, nämlich der, DASS DIE BASIS DER HEUTE VORHERRSCHENDEN ANSCHAUUNGEN ÜBER DIE BAUKUNST VERSCHOBEN WERDEN und die Erkenntnis durchgreifen muß, daß der einzige Ausgangspunkt unseres künstlerischen Schaffens nur das moderne Leben sein kann.[67]

Das späte 19. Jahrhundert gilt als Zeitalter der großen naturwissenschaftlichen Entdeckungen, wissenschaftliches Arbeiten stand im Zeichen des ‚Positivismus'. Man glaubte, die vielfältigen Erscheinungen der Welt durch Sammeln von Fakten erklären und damit vielleicht auch bis in die letzten Geheimnisse vordringen zu können.

Auch Arthur Schnitzler war mit dieser Grundtendenz seiner Zeit in ständiger Berührung, hatte er doch eine medizinische Ausbildung genossen, die nur auf strengster

---

[66] Rickert, Heinrich: Die Philosophie des Lebens. Darstellung und Kritik der philosophischen Modeströmungen unserer Zeit. Tübingen 1920. S. 61.
[67] Wagner, Otto: Die Baukunst dieser Zeit. Dem Baukunstjünger ein Führer auf diesem Gebiet. Wien 4. Auflage 1914. zit. n.: Schorske, Carl E.: Die Ringstraße, ihre Kritiker und die Idee der modernen Stadt. In: ders.: Wien. Geist und Gesellschaft im Fin de Siècle. 2. Auflage. München: Piper 1997. S. 70.

Vermittlung von gesicherten naturwissenschaftlichen Erkenntnissen beruhen konnte. Immer wieder wurde daher nachzuweisen versucht, daß Schnitzler als Dichter einen lediglich nüchtern-rationalen Standpunkt einnehme und seine Figuren zu medizinisch-psychologischen Studienobjekten degradiere. Dieses Urteil wurde bereits zu Lebzeiten des Dichters von Josef Körner formuliert:

> Er [Schnitzler] ersinnt eine Anzahl von Figuren, die ihm den ‚Fall' gleichsam vorspielen, und so erhalten jene nur eine sekundäre Bedeutung. [...] Ihm ist es nicht um die individuelle Ausgestaltung seiner erdichteten Personen zu tun, - sie interessieren ihn nur so weit, als er seinen ‚Fall' an ihnen studieren kann, - er sagt von ihnen nur so viel, als für das Verständnis des Falles unbedingt nötig ist. Arthur Schnitzler, Mediziner von Beruf, steht zu den Gestalten seiner Dichtung wie der Arzt zu seinen Patienten, als welcher für seine Anamnesen ja auch nicht vollständiger Biographien bedarf.[68]

Dieses Urteil hält sich seitdem hartnäckig, so daß noch 1996 Dirk von Boetticher von der

> Bedeutung seiner [Schnitzlers] medizinischen Herkunft nicht nur für die Themenwahl, sondern auch für seine ‚Weltanschauung' und künstlerische Haltung im ganzen[69]

sprechen kann.

Es läßt sich nicht bestreiten, daß der medizinische Aspekt eine wesentliche Rolle in Schnitzlers Werk spielt, allein konstitutiv ist er jedoch nicht. So ist auch verschiedentlich betont worden, daß eindeutige Zuordnungen bei Schnitzler zu kurz greifen:

> Wenn Schnitzler wiederholt bedauert, daß weder der Lehrplan noch die häusliche Erziehung auf das *Sehen – und Schauenlernen* angelegt waren, dann ist damit die Vorherrschaft des bloß quantifizierenden Begriffs über die Anschauung, des Gesetzes über das lebendige Detail angedeutet.[70]

Auch Geißler betont, „die Nachahmung der Experimentierhaltung bekomm[e] im Kunstwerk [...] eine andere Intention als bei den Naturwissenschaften."[71]

Der folgende Abschnitt soll zunächst einen kurzen Abriß dessen geben, was philosophiegeschichtlich in den Kontext der Lebensphilosophie einzuordnen ist. Diese Übersicht ist allerdings nicht als komplette Geschichte der Lebensphilosophie zu verstehen, sondern soll bereits auf diejenigen Aspekte hinführen, die im Hinblick auf

---

[68] Körner, Josef: Arthur Schnitzlers Gestalten und Probleme. Wien: Amalthea 1921. S. 20.
[69] Boetticher, Dirk von: „Meine Werke sind lauter Diagnosen". Über die ärztliche Dimension im Werk Arthur Schnitzlers. Heidelberg. Diss. Masch. 1996. S. 5.
[70] Scheible, Hartmut: Arthur Schnitzler mit Selbstzeugnissen und Bilddokumenten. 10. Auflage. Reinbek: Rowohlt1996. S. 19.
[71] Geißler, Rolf: Experiment und Erkenntnis. Überlegungen zum geistesgeschichtlichen Ort des Schnitzlerschen Erzählens. In: MAL 19/1(1986). S. 49-62. hier: S. 55.

lebensphilosophische Ansätze bei Schnitzler interessant sein könnten. Dazu gehört auch die zentrale Kategorie des Erlebnisses, die im Anschluß an die historische Begriffsherleitung dargestellt wird.

2.2.1 Anfänge einer Philosophie des Lebens

Die Aufklärung hatte das Gewicht ganz auf die Vernunftbegabtheit des Menschen gelegt. Gefühle und Stimmungen wurden in den Hintergrund gedrängt, der Glaube, die Erscheinungen der Welt allein mit Hilfe des Verstandes erklären zu können, verweist bereits auf die positivistischen Tendenzen des 19. Jahrhunderts. Im Zusammenleben der Menschen führte diese Sichtweise zu einer immer starrer werdenden Moralordnung. Dagegen wendete sich der Sturm und Drang. Gefühl wurde groß geschrieben, die Bezeichnung „Erlebnisdichtung" verweist zudem mit ihrem zentralen Begriff des Erlebnisses schon in dieser Zeit auf lebensphilosophische Tendenzen. (vgl. Kap. 2.2.2) Belege hierfür finden sich beispielsweise bei Herder[72], der bereits in den *Briefen zur Beförderung der Humanität* vom „Alleben"[73] sprach, welches die übergeordnete Einheit des Lebens symbolisiere.

Auch Goethes Begriff von „Polarität und Steigerung" (HA 13, 48) gehört in diesen Zusammenhang. Gegensatzpaare wie Systole und Diastole bezeichnen bei Goethe die Einheit des Lebens. Es gehören immer beide Seiten zum Leben, sie sind nur Teile eines allumfassenden Ur-Lebens.

Wichtig für die Jahrhundertwende ist die im Sturm und Drang entstehende antirationalistische Tendenz des Lebensbegriffs. Leben wurde verstanden als Betonung von Gefühl und Empfindung, nicht im sentimentalen Sinne einer Empfindsamkeitsdichtung, die bloße Gefühlsschwärmerei propagiert, sondern in Richtung auf Werther'schen Gefühls-

---

[72] vgl. dazu Herders Gedicht „Strom des Lebens", welches in pantheistischer Wendung Heraklits „pantha rei" zitiert:
    Fließe, des Lebens Strom! Du gehst in Wellen vorüber,
    Wo mit wechselnder Höh' eine die andre begräbt.
    Mühe folget der Mühe; doch, kenn' ich süßere Freuden,
    Als besiegte Gefahr, oder vollendete Müh'?
    Leben ist Lebens Lohn; Gefühl sein ewiger Kampfpreis.
    Fließe, wogiger Strom! nirgend ein stehender Sumpf.
Herder, Johann Gottfried von: Gedichte. Zweiter Theil. Hg. v. Johann Georg Müller. In: ders.: Sämmtliche Werke. Zur schönen Literatur und Kunst. Vierter Theil. Stuttgart: Cotta 1827. S. 27.

rausch, der die Unbedingtheit des Gefühls in den Vordergrund rückt. Auch die enge Verquickung von Dichtung und Philosophie, die sich an dieser Stelle bereits andeutet, findet sich im Fin de siècle wieder; Nietzsche bildet hier das Extrem, da er beides in einer Person zu vereinigen wußte.

Wie bei so vielen Phänomenen der geistigen Haltung der Jahrhundertwende sind wichtige Ansätze auch hinsichtlich des Lebensbegriffs in der Romantik zu finden. Im Wintersemester 1800/01 hielt Friedrich Schlegel an der Universität Jena eine Vorlesung mit dem Titel *Über Transzendentalphilosophie*. Diese nur aus Nachschriften bekannte Vorlesung ist deshalb interessant, weil in ihr zum ersten Mal explizit der Begriff einer „Lebensphilosophie" gebraucht wurde. Schlegels Bedeutung hinsichtlich der Lebensphilosophie liegt hauptsächlich in der Begriffsentwicklung, wie sie etwa in dem Vorlesungszyklus über die „Philosophie des Lebens"[74] aus den Wiener Jahren stattfindet. Schlegels Anspruch besteht in einem grundsätzlichen Neuanfang der Philosophie, da er den Idealismus in einer Sackgasse sieht. „Leben" dient Schlegel dabei als der zentrale Bezugspunkt allen Philosophierens, jedoch nicht in einem vitalistischen Sinn, sondern als „geistiges inneres Leben zwischen Himmel und Erde"[75], das die „eigentliche Region der Philosophie"[76] darstelle. Sie verweist auf das „höchste Leben"[77] und versteht sich als „wahre Gottesphilosophie"[78].

Auch greift Schlegel – vor allem in seinem Roman *Lucinde* - das Verhältnis der Geschlechter auf, ein durchaus typisches Thema der Lebensphilosophie und nicht zuletzt eines der zentralen Themen im Werk Schnitzlers, wenn auch dort in anderer Ausprägung.

Der entscheidende Unterschied romantischer Philosophie vom Leben im Vergleich zur Lebensphilosophie der Jahrhundertwende liegt dabei im Glauben an die Existenz eines Gottes, der Symbol des überindividuellen Lebens ist, das die Absolutheit der Begriffe Leben und Tod relativiert.

---

[73] Herder, Johann Gottfried: Briefe zur Beförderung der Humanität. Frankfurt/M.: Deutscher Klassiker Verlag 1991.
[74] vgl.: Schlegel, Friedrich: Philosophie des Lebens. In fünfzehn Vorlesungen gehalten zu Wien im Jahre 1827. In: Kritische Friedrich-Schlegel-Ausgabe. Zehnter Band. Erste Abteilung. Kritische Neuausgabe. Hg. v. Ernst Behler u.a.: München u.a.: Schöningh 1969.S. 1-288.
[75] Schlegel: a.a.O.. S. 4.
[76] Schlegel: a.a.O.. S. 4.
[77] Schlegel: a.a.O.. S. 167.
[78] Schlegel: a.a.O.. S. 168.

Für die Argumentationsweise lebensphilosophischer Denker ist auch die Entwicklung dezidiert dialektischen Denkens durch Hegel von einer gewissen Bedeutung. Zwar läßt sich Hegel nicht ohne weiteres in eine Traditionslinie lebensphilosophischer Modelle setzen, doch ist gerade die Bildung von Gegensatzpaaren und das Denken in Polaritäten ein sehr wesentliches Merkmal der Lebensphilosophie, sie ist somit im Ansatz dem Hegel'schen Denken durchaus verpflichtet. Auch bei Schnitzler ist besonders in den Aphorismen und essayistischen Versuchen wie beispielsweise *Der Geist im Wort und der Geist in der Tat* immer wieder eine dialektische Denkweise zu beobachten, die er selbst durchaus als Belastung empfand; so spricht er im Tagebuch von seiner „Neigung zur Dialektik, die nicht nur ein künstlerischer, die einer meiner Wesensfehler ist." (Tgb., 13.IX.1923)

2.2.2 Arthur Schopenhauer

Der erste inhaltlich für die Lebensphilosophie der Jahrhundertwende wirklich bedeutende Denker ist Arthur Schopenhauer. In seinem Hauptwerk *Die Welt als Wille und Vorstellung* erscheint mit dem „Willen zum Leben" einer der Ur-Gedanken aller künftigen Lebensphilosophie. Nach Schopenhauer ist der „Wille zum Leben" das Urprinzip menschlicher Existenz. Noch bevor der Mensch anfängt, geistig tätig zu werden, existiert in ihm bereits der sich rein körperlich äußernde Lebenswille. Der Mensch atmet, ißt, trinkt, schläft, liebt usw., d.h. er führt eine Menge vorbewußter, jedoch zielgerichteter Tätigkeiten aus, sein Leib ist die Objektivation des Willens zum Leben. Die Welt als Vorstellung ist erst der zweite Schritt, denn die Welt, wie der Mensch sie in seiner Vorstellung erkennt, erscheint erst infolge des Willens zum Leben. Die Vorstellung wiederum zeigt dem Willen sein Ziel:

> Der Wille, welcher rein an sich betrachtet erkenntnislos und nur ein blinder, unaufhaltsamer Drang ist, wie wir ihn noch in der unorganischen und vegetabilischen Natur und ihren Gesetzen wie auch im vegetativen Teil unseres eigenen Lebens erscheinen sehn, erhält durch die hinzugetretene, zu seinem Dienst entwickelte Welt der Vorstellung die Erkenntnis von seinem Wollen und von dem, was es sei, das er will, daß es nämlich nichts anderes sei als diese Welt, das Leben, gerade so, wie es dasteht. (WW I/2, 347)

Die Dimension des Lebensbegriffs in der Philosophie Schopenhauers läßt sich gut erkennen. Auch die Erfahrung des Todes erscheint in einem anderen Licht, denn der Wille zum Leben ist ein zeitloses, überindividuelles Prinzip, das mit dem medizinischen Tod des menschlichen Körpers nichts zu tun hat. „Tod ist ja nicht Tod, ist nur eine

Phase sich fortgebärenden, unersättlichen Lebens"[79], mit dieser Erkenntnis wird auch jegliche metaphysische Spekulation über ein Leben nach dem Tode obsolet, denn das einzelne Individuum verliert emminent an Wichtigkeit im großen Spiel des Lebens.

Angesichts der Häufigkeit des Todesmotivs im Werk Arthur Schnitzlers sind diese Erkenntnisse nicht ohne Bedeutung für diese Arbeit. Sie werfen ein anderes Licht auf all die Figuren, denen eine Verfallenheit an den Tod nachsagt wird. Auch die Vorstellung vom Willen als „Ding an sich", dem gegenüber dem rationalen Denken der Primat eingeräumt wird, ist anhand der Triebhaftigkeit der meisten Figuren leicht als eine implizite Grundkonstante in Schnitzlers Werk zu sehen. Der Schopenhauer'sche Wille ist nicht als freier Wille des selbstbestimmten Subjekts im Sinne Kants zu verstehen, sondern als unabhängige, absolute Erscheinung des Lebens. Diese Ansätze lassen sich unschwer mit den psychologischen Erkenntnissen bezüglich der Triebhaftigkeit des Menschen um die Jahrhundertwende in Beziehung setzen; „Wille" und „Trieb" sind in ihrer Grundannahme ähnliche Begriffe. Stärkste Äußerung des Willens zum Leben ist nach Schopenhauer der Geschlechtstrieb, der darauf ausgerichtet ist, durch die Zeugung von Nachkommen das Leben als Prinzip über das individuelle Leben hinaus zu erhalten. Schopenhauer bezieht damit Frontalstellung zu Kant und Hegel und wird zum Theoretiker eines modernen Irrationalismus.

Was Schopenhauer zum eigentlichen Begründer der Lebensphilosophie macht, ist das Loslösen des Lebens von metaphysischen Bezugspunkten. Es ist das ganz diesseitige Leben mit seinem durch den Willen hervorgerufenen Leid, welches im Mittelpunkt des Interesses steht. Dieser Gedanke unterscheidet Schopenhauer beispielsweise emminent von Friedrich Schlegel und dessen „Philosophie des Lebens" als „wahrer Gottesphilosophie" (vgl. S. 28). Der „Wille zum Leben" bezieht sich vollständig auf die konkreten Lebensäußerungen des Menschen.

Das Leid wird dabei durch das sogenannte „principio individuationis" erzeugt; dadurch, daß in allen Menschen ein irrationaler Wille steckt, der sich anhand des Intellektes viele verschiedene Objektivationen sucht, verliert die Welt ihre ursprüngliche Einheit. Das ständig weiterstrebende Wollen, das nie einem Endpunkt findet, erfüllt den Menschen entweder mit Schmerz oder mit Langeweile. Schmerz tritt dann ein, wenn sich die

---

[79] Schneider, Reinhold: Arthur Schopenhauer. In: Schopenhauer. Auswahl und Einleitung von Reinhold Schneider. Frankfurt/M. : Fischer 1956. S. 17.

Objektivationen des Willens nicht realisieren lassen, der Mensch also konkrete materielle Not erfährt. Die Abwesenheit dieser materiellen Not jedoch löst die Langeweile aus, da der immer noch vorhandene Wille quasi ins Leere läuft und so die Nichtigkeit des Daseins spürbar macht. Leicht läßt sich auch hier wieder eine Verbindung zu den dekadenten Lebemännern des Schnitzler'schen Werkes herstellen, bei denen die Langeweile sich in den verschiedensten Verhaltensweisen äußert.

Der Mensch befindet sich demnach in einer Art Kreislauf. Das ständige Wollen erzeugt Schmerz, aus dem wieder neues Wollen hervorgeht, um den Schmerz zu überwinden. Der aus der Überwindung resultierende Genuß allerdings erzeugt wieder neues Wollen, hat darüber hinaus nicht die Unmittelbarkeit der Schmerzerfahrung, ist also gegenüber dieser negativ zu sehen.

Es ist mithin die Grunderfahrung des Schopenhauer'schen Pessimismus', daß der Wille zum Leben letztendlich nur negative Auswirkung hat. Davon ausgehend gelangt er zu seiner Forderung nach der Verneinung des Willens zum Leben. Er entwickelt diese Forderung anhand seiner Mitleidstheorie. Die Bejahung des Willens zum Leben ist nach Schopenhauer ein egoistisches Prinzip. Jedes einzelne Individuum hat Angst vor dem Ende seiner physischen Existenz durch den Tod. Schopenhauer führt diese Angst ad absurdum:

> Das, was er [der Tod] ist, das zeitliche Ende der einzelnen zeitlichen Erscheinung. [...] was wir im Tode fürchten, ist in der That der Untergang des Individuums, als welcher er sich unverhohlen kund giebt, und da das Individuum der Wille zum Leben selbst in einer einzelnen Objektivation ist, sträubt sich sein ganzes Wesen gegen den Tod. – Wo nun solchermaßen das Gefühl uns hülflos Preis giebt, kann jedoch die Vernunft eintreten und die widrigen Eindrücke desselben großentheils überwinden, indem sie uns auf einen höhern Standpunkt stellt, wo wir statt des Einzelnen nunmehr das Ganze im Auge haben. (WW I/2, 357)

„Das Ganze im Auge haben", diese Forderung kann nicht eingelöst werden, solange das Individuum seine Aufmerksamkeit auf sein eigenes Leiden fokussiert. Indem der Einzelne aber über sich selbst hinausgeht und sein Augenmerk auf das Leiden seiner Mitmenschen richtet, hat er die Möglichkeit, eine neue Leiderfahrung hervorzurufen, nämlich die des Mitleidens. Der Mensch erkennt auf diese Weise, daß auf der ganzen Welt die stete Bejahung des Willens zum Leben überall nur Leid hervorruft. Da durch die Öffnung zum Ganzen hin die Relevanz der Individualität ohnehin geschwächt ist, kann der Mensch auch erkennen, daß die ständige Bejahung des Willens zum Leben eine negative Erscheinung ist. Er gelangt somit zu der Überzeugung, daß das wahre Glück in der Entsagung liegt, mithin in der Verneinung des Willens zum Leben.

Als Vorstufe dazu steht bei Schopenhauer der kontemplative Kunstgenuß, insbesondere der Musikgenuß als Objektivation des reinen Willens. Die Kunst ist die einzige Sphäre, in der das Individuum sich des Willens entheben kann und in reiner Anschauung aufgeht. Dieses Phänomen ist allerdings auf den Augenblick des konkreten Kunstgenusses beschränkt.

Die Fähigkeit zum Mitleiden ist hingegen die sittliche und dauerhafte Möglichkeit, sich vom Willen zu lösen. Der Unterschied zur christlichen Mitleidsidee liegt dabei in der Erkenntnis des Schopenhauer'schen Menschen von der „schicksalhaften Kameradschaftlichkeit der absurden Leidenssituation menschlich-weltlichen Daseins überhaupt."[80]

Viele Grundpositionen der Lebensphilosophie zur Jahrhundertwende sind im Werk Arthur Schopenhauers bereits angelegt, so daß mit Recht in einem Einführungsbändchen der Zeit bemerkt werden konnte: „Fast jeder tiefere Geist unseres Zeitalters ist durch ihn hindurchgegangen."[81] Als Beleg für die seiner Zeit vorauseilende Gedankenwelt kann man auch die zeitgenössische Rezeption Schopenhauers anführen, die ihn – vor allem im Vergleich zu seinem Erzfeind Hegel – stark in den Hintergrund rückte. Sein Ruhm, dessen er selbst sich immer sicher war, begann sich erst in den letzten Lebensjahren allmählich abzuzeichnen und fand dann mit den zunehmend antipositivistischen Tendenzen des ausgehenden 19. Jahrhunderts einen Höhepunkt. Wie stark prägend dabei der Gedanke des Lebens war, geht auch schon aus der Tatsache hervor, daß Schopenhauer den Beginn der Philosophie mit dem Gedanken an den Tod ansetzte:

> Hingegen ist die hieraus entspringende philosophische Verwunderung [der Urgrund der Philosophie nach Aristoteles] im Einzelnen durch höhere Entwicklung der Intelligenz bedingt, überhaupt jedoch nicht durch diese allein; sondern ohne Zweifel ist es das Wissen um den Tod, und neben diesem die Betrachtung des Leidens und der Noth des Lebens, was den stärksten Anstoß zum philosophischen Besinnen und zu metaphysischen Auslegungen der Welt giebt. (WW II/1, 187)

Das negierende Prinzip Tod als Grund des Nachdenkens über das Leben, diesen Ansatz hat die Dichtung der Jahrhundertwende in vielfältiger Auslegung produktiv aufgegriffen und aus der jeweils spezifischen Sichtweise ihrer Autoren gedeutet. Das Todesmotiv im

---

[80] Diemer, Alwin: Schopenhauer und die moderne Existenzphilosophie. In: Schopenhauer-Jahrbuch 43(1962). S. 27-41. hier: S. 36f.
[81] Richert, Hans: Schopenhauer. Seine Persönlichkeit, seine Lehre, seine Bedeutung. Vierte Auflage. Leipzig: Teubner 1920. S. 6.

Werk Arthur Schnitzlers in Hinsicht auf die Deutung des Lebensbegriffs wird im zweiten Teil dieser Arbeit Teil der Textinterpretationen sein.

2.2.3 Sören Kierkegaard

Sören Kierkegaard gilt allgemein als einer der wesentlichen Wegbereiter der Existenzphilosophie des 20. Jahrhunderts. Angesichts des engen Zusammenhanges zwischen Existenz- und Lebensphilosophie gibt in seinem Gedankengebäude jedoch gewisse Bausteine, die ihn im Rahmen dieser Arbeit für lebensphilosophische Ansätze ebenso interessant machen.

Schon vom ersten Werk an, seiner Dissertation mit dem Titel *Über den Begriff der Ironie mit ständiger Rücksicht auf Sokrates*, steht bei Kierkegaard das individuelle Verhalten des Subjektes gegenüber der Wirklichkeit und damit dem Leben im Mittelpunkt. Mittels Ironie kann sich der Mensch über die Diskrepanz zwischen Idee und Wirklichkeit hinwegsetzen und eine sehr subjektive Haltung konstituieren. In dieser subjektiven Haltung liegt jedoch gleichzeitig auch die Gefahr der Ironie, sie isoliert den Einzelnen und stößt ihn ins Nichts:

> Kehren wir nun aber zurück zu der [...] allgemeinen Kennzeichnung der Ironie, als der unendlichen absoluten Negativität, so ist mit ihr zur Genüge angedeutet, daß die Ironie sich nunmehr nicht mehr wider diese oder jene einzelne Erscheinung kehrt, wider ein einzelnes Daseiendes, sondern daß das gesamte Dasein dem ironischen Subjekt fremd und dieses wiederum dem Dasein fremd geworden ist, daß das ironische Subjekt selber, indem die Wirklichkeit für es ihre Giltigkeit verloren hat, in gewissem Maße zu etwas Unwirklichem geworden ist. (GW 31, 263)

Entscheidend im Hinblick auf die Positionen der Dekadenz und der Lebensphilosophie, die von den Figuren Arthur Schnitzlers in den hier zu besprechenden Werken eingenommen werden, ist die Unterscheidung verschiedener Lebensstadien in *Entweder – Oder*. Den Ausgangspunkt der Betrachtung bildet die sogenannte „Ästhetische Existenz". Ihre Charakteristika lassen sich im Rollenverhalten des Décadent zum Teil wiederfinden. So gibt sich der Ästhetiker der Unmittelbarkeit des Genusses hin:

> Don Juan ist nun, wenn ich so sagen darf, die Inkarnation (Einfleischung) des Fleisches oder die Begeistung des Fleisches aus des Fleisches eignem Geist. (GW 1, 94)

Diesen Genuß kann der Ästhetiker als Stimmungsmensch nur im Augenblick und in einem rein sinnlich geprägten Liebesbegriff finden. Kierkegaard verdeutlicht das am

Beispiel von Mozarts Don Juan. Dieser verkörpert den Typus des Verführers, der im Unterschied zum seelisch geprägten Liebesbegriff der Griechen reine Sinnlichkeit lebt:

> Seine Liebe ist nicht seelisch, sondern sinnlich, und sinnliche Liebe ist nach seinen Begriffen nicht treu sondern schlechthin treulos, sie liebt nicht eine sondern alle, will heißen, sie verführt alle. Sie ist nämlich allein im Augenblick da, aber der Augenblick ist, begrifflich gedacht eine Summe von Augenblicken, und damit haben wir den Verführer. (GW 1, 100)

Der Verführer lebt somit einen absoluten Subjektivismus, er hat kein echtes Verhältnis zu seinem sozialen Umfeld und zur Geschichtlichkeit seiner eigenen Existenz, seine Maxime lautet: „Genieße, schwätze nicht!" (GW 1, ebd.)

Nach Kierkegaard gibt es jedoch einen Punkt, an dem der Ästhetiker sich der Unzulänglichkeit seines Daseins bewußt werden kann, diesen Punkt bezeichnet er als „Verzweiflung". Mit dem Erreichen des Zustandes der Verzweiflung tritt der Mensch von der „ästhetischen" in die „ethische Existenz" über, die Verzweiflung zwingt ihn geradezu dazu[82], sie ist im Werk Kierkegaards eine der basalen Grenzerfahrungen des menschlichen Lebens, die zum besseren Leben führen. Der Ethiker erkennt seine Eingebundenheit in die Allgemeinheit und kann auf dieser Grundlage seine individuelle Existenz besser verwirklichen. Im Sinne einer Philosophie des Lebens hat der Ethiker somit einen deutlich engeren Kontakt zum wahren Leben als der Ästhetiker, der den Zusammenhang des Lebens nie erfahren wird, wie der Ethiker „B" dem Ästhetiker „A" im zweiten Teil von *Entweder – Oder* vorhält: „Dein Leben [das des Ästhetikers] wird aufgehen in lauter Anläufen zum Leben." (GW 2/3, 7)

Auch wenn es Kierkegaard vorwiegend darum geht, dem Leser zu zeigen, daß dieser eine eindeutige Wahl zwischen ästhetischer und ethischer Existenz zu treffen hat, läßt sich nicht verkennen, daß die ethische Existenz als höherwertig angesehen wird:

> Despite Kierkegaard's explicit claim that there is ‚no didacticism' in *Either/Or*, it is arguable that he does not really confine himself to presenting two rival viewpoints, leaving the question of which is finally to be preferred entirely to the reader. For one thing, the ethicist is given the second, and therefore the last, word. For another, we are given the impression that B has, in some fundamental sense, seen through A's attitude; he grasps its motivation and is thereby enabled to criticize it in a way that undermines it.[83]

Kierkegaards Ziel ist es also, eine indifferente Haltung gegenüber dem Leben zu vermeiden. Nur wer eine solche von ihm anheimgestellte Wahl trifft, ist gezwungen, sich intensiv mit seiner Lebensführung auseinanderzusetzen und zu einer Entscheidung

---

[82] vgl.: Lowrie, Walter: Das Leben Sören Kierkegaards. Düsseldorf: Diederichs 1955. S. 135.

zu kommen. Nach Kierkegaard kann es im Leben eben kein „sowohl als auch" sondern immer nur ein „entweder – oder" geben. Die Höherwertigkeit des Ethischen zeigt sich dabei auch darin, daß Kierkegaard es mit der Wahl schlechthin identifiziert:

> Mein Entweder/Oder bezeichnet zuallernächst nicht die Wahl zwischen Gut und Böse, es bezeichnet die Wahl, mit der man Gut und Böse wählt oder Gut und Böse abtut. Die Frage geht hier darum, unter welchen Bestimmungen man das ganze Dasein betrachten und selber leben will. Daß man das Gute wählt, wenn man Gut und Böse wählt, ist freilich wahr, jedoch es zeigt sich erst hinterdrein; denn das Aesthetische ist nicht das Böse, sondern die Indifferenz, und deshalb habe ich ja gesagt, daß das Ethische die Wahl gründet. [...] Wer das Ethische wählt, wählt das Gute [...] Hier siehst Du abermals, wie wichtig es ist, daß da gewählt werde, und daß es nicht so sehr auf die Überlegung ankommt als vielmehr auf die Taufe des Willens, welche diesen in das Ethische aufnimmt. (GW 2/3, 180)

Der Mensch ist also gezwungen, die Wahl zwischen zwei Lebensformen zu treffen, will er nicht in einem Graubereich verbleiben, in dem das Leben nur zu ahnen ist. Es wird sich in dieser Arbeit zeigen, daß Schnitzlers Figuren nicht selten an dieser Indifferenz leiden, welche Kennzeichen des Ästhetischen ist.

Eine weitere Schrift Kierkegaards, die Relevanz im Hinblick auf lebensphilosophische Bestimmungen besitzt, ist *Die Wiederholung. Ein Versuch in der experimentierenden Psychologie* von 1843. Kierkegaard versucht hier, den Begriff der Wiederholung in seinem Wert für das Leben zu bestimmen. Die Wiederholung zielt zunächst auf eine Absage an den ästhetischen Menschen, der seine Bestimmung immer nur im Augenblick findet. Gleichzeitig darf Wiederholung aber auch nicht als Monotonie verstanden werden:

> Mit der Frage, ob Erfahrungen, Erlebnisse, Situationen, Handlungen, Beziehungen und Ereignisse *ihrem Inhalt nach* wiederholt werden können, entscheidet sich, ob ihnen eine Form von Dauer, damit von Wesentlichkeit verliehen werden kann, die nicht der Flüchtigkeit zufälliger Einmaligkeit unterliegt, die bestenfalls erinnert, nicht wiederholt werden könnte, aber auch nicht die mechanische Form einer nur äußeren Gleichheit routinierbarer Verhaltensweisen, also die Form von *Gewohnheiten* annimmt.[84]

Die Wiederholung im Sinne Kierkegaards muß dazu geeignet sein, den Fluß des Lebens an verschiedenen Stellen zu markieren und somit im ständigen Wechselspiel des Lebens ein Moment von Dauer hineinzubringen:

> Die Wiederholung ist die neue Kategorie, welche entdeckt werden muß. Wenn man etwas weiß von der neueren Philosophie und der griechischen nicht ganz und gar unkundig ist, so wird man leicht sehen, daß eben diese Kategorie das Verhältnis zwischen den Eleaten und Heraklit erklärt, und daß die Wiederholung eigentlich das ist, was man irrtümlich die

---

[83] Gardiner, Patrick: Kierkegaard. New York: Oxford University Press 1988. S. 43.
[84] Liessmann, Konrad Paul: Kierkegaard zur Einführung. Hamburg: Junius 1993. S. 70.

Vermittlung genannt hat. [...] Wenn man die Kategorie der Erinnerung oder der Wiederholung nicht besitzt, so löst das ganze Leben sich auf in leeren und inhaltslosen Lärm. (GW 5/6, 21f..)

Diese Erkenntnis, daß wahres Leben sich aus der Ergänzung von „Dauer und Wechsel" konstituiert, liegt schon Goethes gleichnamigem Gedicht zu Grunde (vgl.: HA 1, 247f.) und auch Hofmannsthal formuliert dies prägnant in einem Brief an Richard Strauss über seine Oper *Ariadne auf Naxos*:

> Verwandlung ist Leben des Lebens, ist das eigentliche Mysterium der schöpfenden Natur; Beharren ist Erstarren und Tod. Wer leben will, der muß über sich selber hinwegkommen, muß sich verwandeln: er muß vergessen. Und dennoch ist ans Beharren, ans Nichtvergessen, an die Treue alle menschliche Würde geknüpft. Dies ist einer von den abgrundtiefen Widersprüchen, über denen das Dasein aufgebaut ist, wie der delphische Tempel über seinem bodenlosen Erdspalt.[85]

Die Wiederholung hat somit etwas mit der Würde des menschlichen Lebens zu tun. Der Idealzustand besteht darin, den Ausgleich zwischen der Intensität einzelner erlebter Momente und den dauerhaften Werten sozialen Zusammenlebens zu finden.

2.2.4 Friedrich Nietzsche

Als weiterhin bedeutender Wegbereiter der Lebensphilosophie gilt Friedrich Nietzsche, der – stark von Schopenhauer beeinflußt, wie vor allem die dritte der *Unzeitgemäßen Betrachtungen (Schopenhauer als Erzieher)* zeigt – zu eigenen Theorien gelangt und das Leben als „jene dunkle, treibende, unersättlich sich selbst begehrende Macht" (UB, 124) interpretiert.

Insbesondere die zweite *Unzeitgemäße Betrachtung (Vom Nutzen und Nachteil der Historie für das Leben)* formuliert zunächst generelle lebensphilosophische Einsichten Nietzsches. In seiner Unterscheidung von „monumentalischer", „antiquarischer" sowie „kritischer" (UB, 112) Geschichtsbetrachtung nennt er die Bedingungen, damit Geschichte dem Menschen, also dem Leben nutzbar gemacht werden kann. Dieser Nutzen besteht nach Nietzsche in einer ästhetisierenden Geschichtsschreibung, da nur diese die grausame Faktizität historischer Ereignisse für den Menschen sinnvoll machen könne, indem der übergeordnete Zusammenhang der Fakten gestaltet wird:

> In dieser Weise die Geschichte objektiv zu denken, ist die stille Arbeit des Dramatikers; nämlich alles aneinander denken, das Vereinzelte zum Ganzen weben: überall mit der

---

[85] Hofmannsthal, Hugo von: Ariadne (1912). Aus einem Brief an Richard Strauss. In: ders.: Dramen V. Operndichtungen. Frankfurt/M.: Fischer 1979. S. 297.

Voraussetzung, daß eine Einheit des Planes in die Dinge gelegt werden müsse, wenn sie nicht darinnen sei. So überspinnt der Mensch die Vergangenheit und bändigt sie, so äußert sich sein Kunsttrieb – nicht aber sein Wahrheits-, sein Gerechtigkeitstrieb. Objektivität und Gerechtigkeit haben nichts miteinander zu tun. (UB, 147)

Ganz deutlich sieht man an dieser Stelle auch die Verquickung von Kunst und Philosophie, indem der Philosoph Nietzsche die Ästhetisierung der Geschichte durch den Dichter fordert. Das beinhaltet natürlich die Forderung nach einem Dienst der Dichtung am Leben, eine Forderung, der sich jeder Dichter nicht nur zur Zeit Nietzsches zu stellen hatte.

Die eigentliche lebensphilosophische Phase Nietzsches, die sich vor allem mit *Also sprach Zarathustra* manifestiert, wird durch erkenntnistheoretische Einsichten vorbereitet. In dieser Phase der Beschäftigung mit positivistischen Methoden, in der auch die Weiterentwicklung des künstlerischen Menschen im wissenschaftlichen propagiert wird, gewinnt er die Überzeugung vom Primat des Handelns gegenüber dem Erkennen. Durch den ihm innewohnenden Willen erscheinen dem Menschen die Gegenstände der äußeren Welt schon so wie sie sind. Die entscheidende Ebene wird dadurch die des Handelns. Hierin liegt die Abkehr Nietzsches vom Idealismus, wie er sie im fünften Buch der *Fröhlichen Wissenschaft* formuliert hat:

Ehemals hatten die Philosophen Furcht vor den Sinnen [...] Wir sind heute allesamt Sensualisten, wir Gegenwärtigen und Zukünftigen in der Philosophie, nicht der Theorie nach, aber in der Praxis, der Praktik. [...] ‚Wachs in den Ohren' war damals beinahe Bedingung des Philosophierens; ein echter Philosoph hörte das Leben [sic!] nicht mehr, insofern Leben Musik ist, er leugnete die Musik des Lebens, - es ist ein alter Philosophenaberglaube, daß alle Musik Sirenenmusik ist. [...] In summa: aller philosophische Idealismus war bisher etwas wie eine Krankheit. (FW, 288f.)

Nietzsche gelangt damit zu einem pragmatischen Primat des Handelns, der schließlich auf den *Willen zur Macht* hinauslaufen wird. In diesem Punkt liegt gleichzeitig die entscheidende Abkehr von Schopenhauer, dessen auf der Verneinung des Willens zum Leben basierende Mitleidstheorie Nietzsche ablehnte. Hier geht es um die entschiedene Bejahung dieses Willens durch den „Übermenschen", der den letzten Schritt in der Entwicklung des Menschen darstellt und somit Leben in höchstem Sinn repräsentiert:

Und das ist der große Mittag, da der Mensch auf der Mitte seiner Bahn steht zwischen Tier und Übermensch und seinen Weg zum Abende als seine höchste Hoffnung feiert: denn es ist der Weg zu einem neuen Morgen. Alsda wird sich der Untergehende selber segnen, daß er ein Hinübergehender sei; und die Sonne seiner Erkenntnis wird ihm im Mittage stehn. „Tot sind alle Götter: nun wollen wir, daß der Übermensch lebe" – dies sei einst am großen Mittage unser letzter Wille! (Z, 84)

In dem Maße, in dem Nietzsche sich auf diesem Wege der Anthropologie nähert, wächst auch seine Relevanz für die Lebensphilosophie.

Besonderes Gewicht liegt dabei auf der Kritik am Moralbegriff, die sich unter anderem auch gegen Kant richtet. Dessen Formulierung moralischer Grundsätze auf der Basis der praktischen Vernunft hält Nietzsche bereits für eine Äußerung des Willens zur Macht und somit für reine Ideologie, die einen Herrschaftsanspruch begründen soll. Darüber hinaus ist der Hauptangriffspunkt des „Antichristen" Nietzsche der christliche Moralbegriff, dem er explizit Lebensfeindlichkeit nachsagt:

> Ich bringe ein Prinzip in Formel. Jeder Naturalismus in der Moral, das heißt jede gesunde Moral, ist von einem Instinkte des Lebens beherrscht, - irgend ein Gebot des Lebens wird mit einem bestimmten Kanon von ‚Soll' und ‚Soll nicht' erfüllt, irgend eine Hemmung und Feindseligkeit auf dem Wege des Lebens wird damit beiseite geschafft. Die widernatürliche Moral, das heißt fast jede Moral, die bisher gelehrt, verehrt und gepredigt worden ist, wendet sich umgekehrt gerade gegen die Instinkte des Lebens, - sie ist eine bald heimliche, bald laute und freche Verurteilung dieser Instinkte. Indem sie sagt ‚Gott sieht das Herz an', sagt sie nein zu den untersten und obersten Begehrungen des Lebens und nimmt Gott als Feind des Lebens ... Der Heilige, an dem Gott sein Wohlgefallen hat, ist der ideale Kastrat ... Das Leben ist zu Ende, wo das ‚Reich Gottes' anfängt ... (GAG, 104f.)

Die Auflehnung gegen das Leben sei „in der christlichen Moral beinahe sakrosankt" (GAG, 105) geworden. Interessanterweise bringt Nietzsche an dieser Stelle auch den Begriff der „décadence" ins Spiel:

> Moral, wie sie bisher verstanden worden ist – wie sie zuletzt noch von Schopenhauer formuliert wurde als ‚Verneinung des Willens zum Leben' – ist der décadence-Instinkt selbst, der aus sich einen Imperativ macht: sie sagt: ‚geh zugrunde!' – sie ist das Urteil Verurteilter ... (GAG, 105f.)

Die Überwindung dekadenter Geisteshaltung durch einen positiven Lebensbegriff wird an dieser Stelle klar formuliert und damit auch die inhärente begriffliche Dialektik beider Positionen verdeutlicht. Décadence ist bei Nietzsche polare Notwendigkeit des Lebens, welches durch Werden und Vergehen, Schöpfung und Vernichtung geprägt ist, also immer beide Seiten der Medaille zeigt. Regelmäßig zeigt sich in Nietzsches Werk sein „Außerhalbstehen" hinsichtlich herkömmlicher Begriffsbildung. Er räsoniert über *Wahrheit und Lüge im außermoralischen Sinne* und propagiert ein Denken *Jenseits von Gut und Böse*. Bei Nietzsche werden Gut und Böse als Einheit verstanden, nicht als sich gegenseitig negierende Begriffe. Nur in der Einheit der traditionell gegensätzlich gedachten Begriffe besteht die Möglichkeit zur vollen Entfaltung des Lebens. Selbst das „Leiden", das noch bei Schopenhauer zum Pessimismus führte, erfährt hierdurch eine positive Aufwertung:

> Die Zucht des Leidens, des *großen* Leidens – wißt ihr nicht, daß nur *diese* Zucht alle Erhöhungen des Menschen bisher geschaffen hat? Jene Spannung der Seele im Unglück, welche ihr die Stärke anzüchtet, ihre Schauer im Anblick des großen Zugrundegehens, ihre Erfindsamkeit und Tapferkeit im Tragen, Ausharren, Ausdeuten, Ausnützen des Unglücks, und was ihr nur je von Tiefe, Geheimnis, Maske, List, Größe geschenkt worden ist – ist es nicht ihr unter Leiden, unter der Zucht des großen Leidens geschenkt worden? (JGB,)

Décadence wird bei Nietzsche als zum Leben gehörend begriffen, im Sinne einer Durchgangsstation, nach deren Durchquerung es als erhöht neu hervortritt. In diesem Sinne begreift er auch sich selbst durchaus als Décadent:

> Wohlan! Ich bin so gut wie Wagner das Kind dieser Zeit, will sagen ein décadent: nur das ich das begriff, nur das ich mich dagegen wehrte. Der Philosoph in mir wehrte sich dagegen. (GAG, 3)

Der Philosoph in Nietzsche wehrt sich dabei gegen den morbiden Décadence-Begriff, wie er ihn – nach Jahren der Bewunderung – in Richard Wagner verkörpert sah. Wagner war für den späten Nietzsche krank und schädlich, doch aus dieser Erkenntnis erwächst die Möglichkeit, die Krankheit zu überwinden und gestärkt wieder ins Leben einzutreten.

Dieser dialektische Ansatz bezüglich des Lebens- und Décadencebegriffs ist das Element, welches Nietzsche für die Entwicklung der Lebensphilosophie so interessant macht. Décadence umfaßt bei ihm sowohl Lebensbejahung als auch -verneinung, es gibt also – analog zum passiven und aktiven Nihilismus – so etwas wie destruktive und produktive Décadence. Destruktive Décadence äußert sich in allem, was zur Schwächung und Zerstörung des Lebens führt, dazu gehört beispielsweise auch der Schopenhauer'sche Mitleidsbegriff, den Nietzsche analog zur christlichen Morallehre setzt:

> Jene Bewegung, die mit der Mitleids-Moral Schopenhauers versucht hat, sich wissenschaftlich vorzuführen – ein sehr unglücklicher Versuch! – ist die eigentliche décadence-Bewegung in der Moral, sie ist als solche tief verwandt mit der christlichen Moral. Die starken Zeiten, die vornehmen Kulturen sehen im Mitleiden, in der ‚Nächstenliebe', im Mangel an Selbst und Selbstgefühl etwas Verächtliches. (GAG, 158)

Die „starken Zeiten" nämlich sind die, die aus der produktiven Seite der Décadence erwachsen. Sie haben das Kranke und Schwache ausgesondert, weil es einem höheren Leben im Wege stand und befinden sich damit auf dem besten Wege zum Übermenschen. Man befindet sich hier an der am leichtesten zu mißbrauchenden Stelle der Nietzscheanischen Philosophie; die deutsche Geschichte hat leider eindrucksvoll den Beweis angetreten. Die Weltsicht, die dem Leben den höchsten Stellenwert zubilligt, mutiert an dieser Stelle zur Herrenmoral, die – einmal in politische Maßnahmen umgesetzt – fast zwangsläufig ausarten mußte.

2.3 Der zentrale Begriff des Erlebnisses

Wie bereits angesprochen, wird in der Lebensphilosophie Leben im Sinne des Heraklitischen „pantha rei" als etwas stetig Dahinfließendes gesehen. Allerdings stellt diese Sichtweise eine Verkürzung dar. Denn wie drückt sich Leben aus? Wie kann es sein, daß von diesem Fluß des Lebens einzelne Aspekte und Momente als Erinnerung aufbewahrt werden und jederzeit abrufbar sind? An diesem Punkte kommt der Begriff des Erlebnisses ins Spiel.

Dieser ist nicht zuletzt deswegen von zentraler Bedeutung, weil in der Literatur der Jahrhundertwende der Augenblick (als Zeitpunkt eines bestimmten Erlebnisses) eine große Rolle spielt. Nicht umsonst spricht man auch von einer impressionistischen Literatur, die die Eindrücke des Moments verarbeitet und ihnen dichterische Gestalt gibt.

Das Erlebnis dient dazu, den stetigen Fluß des Lebens zu strukturieren und den einzelnen Momenten „Bedeutung" zu verleihen.[86] Aus den unterschiedlichen Bedeutungen konstituiert sich in der Folge „Leben". Bei Wilhelm Dilthey, der den Begriff des Erlebnisses wesentlich im Sinne der Lebensphilosophie geprägt hat, ist z.B. der Tod eines geliebten Menschen ein solches Erlebnis:

> Dies Erlebnis [der Tod des geliebten Menschen] ist abgegrenzt von anderen Erlebnissen dadurch, daß es als ein struktureller Zusammenhang von Schmerz, Wahrnehmung oder Vorstellung dessen, worüber der Schmerz stattfindet, Gegenstand, auf den die Wahrnehmung sich bezieht, ein abtrennbares immanent teleologisches Ganzes bildet. [...] Erlebnis bezeichnet einen Teil des Lebensverlaufs, in seiner totalen Realität, also konkret, ohne Abzug, welcher teleologisch angesehen, eine Einheit in sich hat. (GS VI, 314)

Das Erlebnis ist demzufolge nach Dilthey zu verstehen als eine strukturelle Einheit, das den inneren Zusammenhang des Bewußtseins mit seinen Inhalten herstellt. Das Erlebnis wiederum äußert sich im Ausdruck; in Form von Gestik oder Sprache gelangt es in den Kommunikationskreislauf und kann auch von anderen verstanden werden, indem sie die eigenen Erfahrungen als Basis für ein Nacherleben des Fremden benutzen.

Im Erlebnis, welches nach Dilthey Vergangenheit, Gegenwart und Zukunft in sich vereint (vgl. GS VI, 314), findet das Leben seinen konkreten Ausdruck. Es bleibt somit

---

[86] vgl. dazu auch den Begriff der „durée" im Werk Henri Bergsons, die dort als ein „Wandel, der selbst Substanz ist" (Deleuze, Gilles: Bergson zur Einführung. Hamburg: Junius 1989. S. 53.) gefaßt wird und somit dem Begriff der „Bedeutung" nahekommt.

nicht länger ein abstrakter Begriff, sondern wird sinnlich erfahrbar. Durch das Erlebnis wird dem erlebenden Subjekt auf diese Weise auch die Möglichkeit einer individuellen Sinnkonstruktion gegeben. Diese mag zunächst sogar negativ ausfallen, etwa als Lebensverneinung infolge eines schlimmen Erlebnisses wie Tod, Unfall oder persönliches Versagen. Dennoch ermöglicht jedes neue Erlebnis menschliche Interaktion und macht damit die Einheit des Lebens für den Menschen fühlbar. Zudem scheint das Erlebnis für den konkreten Moment seines Daseins aus dem Zeitkontinuum herausgehoben, die Zeit wird gleichsam „angehalten". Dadurch wird der oft als grausam unaufhaltbar empfundene Zeitfluß des Lebens[87] als subjektiv unterbrechbar erkannt und bekommt eine positive Wendung.

Somit ist das Erlebnis auch geeignet, den Auflösungstendenzen, denen das Subjekt um die Jahrhundertwende ausgesetzt war, entgegenzuwirken. Der Philosoph Ernst Mach verstand den Menschen nur noch als Summe der von außen auf ihn einwirkenden Eindrücke; sein berühmter Ausspruch „Das Ich ist unrettbar" drückt gleichsam das Lebensgefühl einer ganzen Generation aus, zu der auch Arthur Schnitzler gehört. Aus den Gegenbestrebungen entstehen auch automatisch dekadente Verhaltensweisen, die durch krankhaft übersteigerte Egozentrik versuchen, den Verlust der Ich-Mitte auszugleichen.

Das Erlebnis stellt nun eine Möglichkeit dar, sinnstiftend für das Subjekt zu wirken. Indem es die Einheit mit dem Lebensfluß fühlbar macht, positioniert es das Individuum im Leben und wirkt dem haltlosen Auseinanderfließen des Ichs entgegen. Die beiden nach Dilthey so bezeichneten Lebenskategorien „Kraft" und „Bedeutung"[88] symbolisieren die unterschiedlichen Tendenzen. In der Macht der „Kraft" als dem, was das Leben immerwährend forttreibt, liegt es, das Subjekt seine Mitte verlieren zu lassen und das Leben als eine Vielzahl von verschiedenen, zusammenhanglosen Eindrücken wahrzunehmen. Die „Bedeutung" jedoch, die sich aus dem Erlebnis ergibt, gestattet Innehalten und Sinnfindung. Leben weist somit eine eigene innere Dialektik auf, die von der Lebensphilosophie immer wieder betont wird.

---

[87] Der Lebensverlauf ist nach Dilthey unabdingbar an das Zeitkontinuum gebunden:
    Leben ist der Verlauf, der in einem Strukturzusammenhang zu einem Ganzen verbunden ist, der in der Zeit beginnt und in ihr endet, [...] der für den Zuschauer [...] sich als ein [...] Abgeschlossenes, das beginnt und endet, darstellt. (Dilthey: GS VI. S. 313.)
[88] vgl.: Bollnow: a.a.O. S. 28.

3 Der Wert des Lebens im Werk Arthur Schnitzlers

Es soll nun anhand ausgewählter Werke Schnitzlers gezeigt werden, wie hoch der „Wert des Lebens" in seinen Erzählungen und Dramen anzusetzen ist. Um die Entwicklung des Lebensbegriffs, wie er für das Werk Arthur Schnitzlers prägend ist, feststellen zu können, wird ein Bogen vom Erzähltalent der frühen Jahre bis hin zum skeptischen Menschenkenner des Alterswerkes gespannt. Dabei muß der Lebensbegriff Schnitzlers durchaus nicht genau identisch mit den bisher in dieser Arbeit dargestellten Positionen der Lebensphilosophie sein, es wird jedoch eine stete Beeinflussung durch diesen Diskurszusammenhang vorausgesetzt.

Für diese Arbeit sind vier Werke herausgesucht worden, die exemplarisch für andere Texte der gleichen Entstehungszeit einer eingehenderen Untersuchung unterzogen werden. Das Frühwerk Schnitzlers wird durch einen epischen Text repräsentiert. Es handelt sich um die Erzählung *Sterben* von 1892. Sie gehört in jene Frühphase des Werkes, die Lukas als „präpsychologisch-‚naturalistische' Phase"[89] kennzeichnet und etwa 1898 mit *Das Vermächtnis* enden läßt. Lukas konstatiert erst für die darauf folgende „psychologisch-lebensideologische Phase"[90] eine „entscheidende Wende zur konsequenten Psychologisierung, die ihrerseits mit einer neuen Relevanz des zeitgenössischen ‚Lebens'-Begriffs verknüpft ist."[91] Die Interpretation des frühen Werkes wird jedoch zeigen, wie stark auch dieses schon den Lebensbegriff reflektiert und ihm gerade im Kontrast zu dekadenten Verhaltensweisen einen hohen Wert zuweist.

In der mittleren Phase des Werkes steht bei Schnitzler das dramatische Werk im Mittelpunkt, die erzählerische Produktion tritt demgegenüber ein wenig zurück, auch wenn sie einige berühmte Beispiele wie die Monolognovelle *Leutnant Gustl* oder den Roman *Der Weg ins Freie* aufweist. Dementsprechend werden aus dieser Zeit zwei dramatische Texte zur Interpretation herangezogen. Zum einen ist dies das fünfaktige Renaissancedrama *Der Schleier der Beatrice* von 1900, welches schon durch seine zeitliche Situierung in der lebensfrohen Epoche der italienischen Renaissance seine Relevanz für den Zusammenhang in dieser Arbeit erweist. Mit dem Ärztestück

---

[89] Lukas: a.a.O. S. 17.
[90] Lukas: a.a.O. S. 17.
[91] Lukas: a.a.O. S. 16.

Professor Bernhardi soll der politische Aspekt des Lebensbegriffs gewürdigt werden. Zudem erscheint dieses 1912 abgeschlossene Stück auf dem absoluten Schaffenshöhepunkt Schnitzlers, als er – insbesondere mit dem Stück *Das weite Land* – den endgültigen Durchbruch geschafft hat und auch finanziell endlich die immer ersehnte Unabhängigkeit besitzt. Von jenem Zeitpunkt an gewinnt dann das epische Schaffen wieder breiteren Raum bei Schnitzler. Dieser Tatsache wird im abschließenden Kapitel Rechnung getragen, indem anhand von Schnitzlers zweitem Roman *Therese. Chronik eines Frauenlebens* Schnitzlers Position im Alterswerk verdeutlicht wird. Anhand der vier ausgewählten Werke wird sich die Dimension, die der zeitgenössische Lebensbegriff im Werk eines Autors hat, der sehr oft nur einseitig mit Tod, Untergang und Verfall in Verbindung gebracht wird, deutlich zeigen. Einleitend wird kurz erläutert, woraus sich die übliche Festlegung Schnitzlers auf Positionen der Dekadenz erklärt. Bereits die ganz frühen Erzählungen reflektieren diese Haltung der Jahrhundertwende, bergen allerdings implizit schon eine kritische Sichtweise. Auch wenn diese Arbeit sich exemplarisch mit nur vier Texten aus dem umfangreichen Werk Schnitzlers beschäftigt, wären eingehendere Untersuchungen zu anderen Erzählungen und Dramen, insbesondere auch des Spätwerks, unter dem Aspekt des Lebensbegriffs sicherlich ein lohnendes Unternehmen.

3.1 Kleiner Vorspann: Die Last des Biographischen und das Thema der Dekadenz in den frühen Erzählungen

Die Dekadenz der Schnitzler-Figuren ist meist konnotiert mit dem „negativen Lebensgefühl", verstanden als Unfähigkeit, das Leben über den Augenblick hinaus wahrzunehmen und produktiv zu gestalten. Verschiedene Umstände haben dazu beigetragen, daß dieses Bild immer weiter tradiert wurde und dazu führte, Schnitzlers Werk auf die neutrale Darstellung dekadenter Charaktere und Motive zu reduzieren.

Der autobiographische Aspekt spielt hier eine nicht zu unterschätzende Rolle. Die Lektüre von *Jugend in Wien*, Schnitzlers bis zu seinem 27. Lebensjahr führenden Autobiographie, ruft unweigerlich den Eindruck eines weltgewandten Lebemannes hervor, der die ‚fröhliche Untergangsstimmung' der KuK-Monarchie bis zur Neige auskostet. Die Frauenbekanntschaften, die Schnitzler dort beschreibt, sind kaum zu zählen, hat er eine erobert, so interessiert sie ihn schon eigentlich nicht mehr, und er wendet sich bereits wieder den vielen anderen zu. Diese erotische Unrast sollte Schnitzler sein Leben lang nicht verlassen, immer wieder finden sich im Tagebuch Eintragungen, die das verdeutlichen, wie etwa folgendes Bekenntnis vom 22.04.1900: „Ohne direct erot. Element macht Zusammensein mit einem hübschen Weib mich nervös." (Tgb., 22.IV.1900) Die Eintragung vom folgenden Tag verdeutlicht Schnitzlers Probleme in dieser Hinsicht weiter:

> Ich bin verliebt in sie [gemeint ist hier Leopoldine Müller, eine Zufallsbekanntschaft] aber doch mehr in meine Verliebtheit; habe eine wachsende Angst vor dem Altwerden, ein ungeheures Bedürfnis nach Zärtlichkeit, Geliebt-, Angebetet-, Bewundertwerden. [...] Ging Abd. spazieren, bin wieder erotisch (wie) krank. Möchte alle haben. (Tgb., 23.IV.1900)

Schließlich formuliert er es überdeutlich anläßlich einer Einladung bei Bekannten: „Ich ertrag Gesellschaften, ohne geschlechtl. Element, absolut nicht – ging bald." (Tgb., 01.V.1900)

Es ist nicht zu leugnen, daß solche Denkweisen im Werk ihren Niederschlag findet, viele seiner Figuren tragen erotomanische Züge, und man kann ein gewisses Ineinanderspielen von Biographie und Werk hier, wie überhaupt bei Schnitzler nicht ableugnen. Doch greift die Folgerung zu kurz, die auch Richard Specht in seinem Buch aus der Tatsache der Ereignisse um Schnitzlers Beziehung zu Marie Glümer zieht: „Fortan weiß er nur eine Wahrheit: nichts zu erfinden, was er nicht erlebt hat"[92]. Die Behauptung einer kritiklosen Darstellung läßt sich leicht entkräften. Dafür muß nicht einmal eine Interpretation poetischer Schriften herhalten, Schnitzlers essayistisches Werk enthält genügend Hinweise auf seine wertenden Absichten. Besonders aufschlußreich in diesem Zusammenhang ist Schnitzlers Schrift *Der Geist im Wort und der Geist in der Tat*, nach eigenem Bekunden ein Versuch, „die Beziehung zwischen den Urtypen des menschlichen Geistes schematisch in zwei Diagrammen darzustellen" (Geist, 11). Zwar ist laut Schnitzler mit diesem Versuch vor allem eine „*Kategorisierung*" und „*keine Wertung*" (Geist, 11) beabsichtigt, doch wird durch die eindeutige Zuordnung beider Ebenen des Diagramms zu den Begriffen „positiv" und „negativ" bereits klar, daß sich die Bezeichnungen einer wertenden Beurteilung nicht entziehen können. Auch die Bemerkung, die Typen unterschieden sich „durch ihre *Vorzeichen plus und minus*" (Geist, 16)

---

[92] Specht, Richard: Arthur Schnitzler. Der Dichter und sein Werk. Eine Studie. Berlin: S.Fischer 1922. S. 45.

voneinander, führt in diese Richtung. Der Anspruch, in diesem Essay rein darstellend zu arbeiten, läßt sich wohl vor allem aus der Sicht des Arztes Schnitzler erklären, der hier versucht, den Typus „Mensch" zu sezieren und seine Aufspaltungen zu beschreiben. Die Grundüberzeugung ist es hierbei, daß menschliche Geistesverfassungen prinzipiell konstant sind und negative Typen niemals substantiell zu positiven werden können: „Die *Grenzlinie*, die das obere und untere Dreieck voneinander trennt, ist ideell *unüberschreitbar*. Jede *Geistesverfassung* als solche ist *einheitlich* und *unveränderlich*." (Geist, 39) Das wertende Element dieser Einteilungen versucht Schnitzler dadurch abzumildern, daß immer wieder die Überschneidungen zwischen negativen und positiven Typen angesprochen und auch der Sphäre des negativen Typus „*bedeutende* Persönlichkeiten" (Geist, 19) zugeschrieben, begrifflich aber sogleich von „*großen* Menschen" (ebd.) abgesetzt werden. Laut Schnitzler sind es „*Begabungen* und *Seelenzustände*" (ebd.), die den negativen Typen zeitweilig als bedeutend erscheinen lassen. Doch ist die Bedeutung, die der negative Typus zuweilen erlangen kann, kurzfristiger Natur und nicht geeignet, der menschlichen Entwicklung einen Dienst zu erweisen: „Alles im eigentlichen Sinne *Dauernde* wird trotz des zahlenmäßigen Überwiegens der bedeutenden Persönlichkeiten im negativen Gebiet nur durch den *positiven* Typ geleistet." (ebd.) Dem negativen Typ wird vorgeworfen, durch seine Ich-Bezogenheit der Entwicklung der gesamten Menschheit entgegenzustehen. Gerade durch die absolute subjektive Haltung, die die großen Zusammenhänge im Leben negiert, ist der negative Typ auch Vertreter der Dekadenz, wie aus folgendem Abschnitt implizit hervorgeht:

> Der *negative Typus* lebt ohne das Gefühl von Zusammenhängen; das Gestern ist tot für ihn, das Morgen unvorstellbar, nur im Raume vermag er sich auszubreiten, er *hat im wahren Sinne des Wortes ‚keine Zeit'*; daher seine Ungeduld, seine Unruhe und seine Unbedenklichkeit in der Wahl seiner Mittel. (Geist, 20)

Die Betonung der Zeitlosigkeit erinnert an den Protagonisten Andrea aus Hofmannsthals frühem lyrischen Drama *Gestern*, der als Musterbeispiel eines Décadents gesehen werden kann und genau die Merkmale aufweist, die hier als charakteristisch für den negativen Typus angeführt werden, wenn er zu Arlette sagt:

> Mußt du mit gestern stets das Heute stören?/Muß ich die Fessel immer klirren hören,/Die ewig dir am Fuß beengend hängt,/Wenn ich für mich sie tausendmal gesprengt!/[...] Verlerntest du am Gestern nur zu halten,/Auf dieses Toten hohlen Ruf zu lauschen:/Laß dir des Heute

wechselnde Gewalten,/Genuß und Qualen, durch die Seele rauschen,/Vergiß das Unverständliche, das war:/Das Gestern lügt und nur das Heut ist wahr![93]

Dekadenz wird in Schnitzlers Essay insofern als Lebensferne gesehen, als das „Gefühl von Zusammenhängen" verloren gegangen ist, welches den Fluß des Lebens erst spürbar macht.

Zahlreiche Figuren im Werk Schnitzlers repräsentieren diesen negativen Typus, sind jedoch nicht nur einfach vorhanden, sondern erfüllen im Zusammenhang des Werkes ihre Funktion als Kontrast zum positiven Typus und somit zu einer dem Leben zugewandten Haltung.

Ist im frühen Einakterzyklus des Anatol der Typus des Décadents vielleicht am stärksten ausgeprägt, so ist dieser doch überhaupt fest im Typenrepertoire Schnitzlers verankert. Schon die kleinen Erzählungen aus den Jahren des Anatol-Zyklus' zeigen eine Vielzahl dieser Figuren, die gerade in diesen Jahren meistens mit dem Künstlertypus verbunden werden. In der 1885 entstandenen Erzählung *Welch eine Melodie* ist der Protagonist ein Klavierspieler, der als ‚Künstler' sowohl die Frau als auch die Kunst mißbraucht, um sich in ‚Stimmung' zu versetzen. Er hat zufällig eine Partitur mit einer genialen Melodie gefunden und spielt diese seiner Freundin vor:

> Sie lag in seinen Armen, und ihr Atem umflutete den Geliebten mit betäubender Süßigkeit... Welch eine Melodie! – Sie war das Präludium unendlicher Seligkeit für ihn und für sie... Oh, nicht etwa, daß er sie geheiratet hätte – so trivial schließt ein großer Künstler seine interessantesten Abenteuer nicht ab! (EW 1, 24)

Die Erzählung *Er wartet auf den vazierenden Gott* (1886) führt ein „Genie des Fragments" (EW 1, 27) vor, eine Charakterisierung, die an Peter Altenberg denken läßt, das Urbild des Wiener Bohemien und Kaffeehausliteraten. Auf die Frage, was ein vazierender Gott sei, antwortet Albin, der Held dieser kleinen Geschichte, mit einem programmatisch dekadenten Satz: „Das läßt sich nicht erklären, das muß man empfinden..." (EW 1, 28). Das dekadente Lebensgefühl tritt durch das Verhalten Albins offen zutage. Die vazierenden Götter identifiziert Albin schließlich mit den dekadenten Autoren, die wie er nur Werke mit fragmentarischem Charakter zu schaffen vermögen:

> Die Genies, denen die letzte Inspiration fehlt, sind es! Verstehe mich wohl! Die letzte Inspiration; denn wie diese käme, so könnten sie das Wunderbare, Vollendete schaffen, das sie zum Himmel emporträgt – als Götter, die ihre Heimat gefunden. Aber die Genies, an denen die Natur sozusagen die letzte Feile vergessen, die sie als Torso mitten auf den Markt der großen

---

[93] Hofmannsthal: Gestern. a.a.O. S. 218.

Geister warf und die nun mit dem Funken aus einer anderen Welt im Busen unter den Menschen umherwandeln – sie sind es! Das sind die vazierenden Götter! (EW 1, 30)

Schnitzler läßt den Ich-Erzähler dieser frühen Erzählung einen kritischen Abstand zu dieser Form der Dekadenz einnehmen, wenn er ihn Albin – wenn auch „zögernd" – vorwerfen läßt, diese Art von Poeten seien doch wohl eher

> diejenigen, welche eigentlich alles vollbringen könnten und denen nicht die letzte Inspiration fehlt, sondern, welche diese Inspiration vorübergehen lassen und mit allen ihren großartigen Plänen gemütlich weiterbummeln, ohne was Rechtes anzufangen, und sich genügen lassen im Bewußtsein –ihrer himmlischen Würde. (EW 1, 30)

Solche Figuren gibt es bei Schnitzler in dieser Zeit, in der seine schriftstellerischen Fähigkeiten sich voll auszubilden beginnen, immer wieder. Auch der Poet in der kurzen Erzählung *Mein Freund Ypsilon* (1887) gehört dazu. Er ist in dem Wunsch des ästhetizistischen Künstlers, vollkommen in seiner Kunst aufzugehen, so befangen, daß er schließlich in geistiger Umnachtung zugrunde geht. Im epischen Werk taucht in diesen Jahren ebenfalls eine Figur namens Anatol auf, die die gleichen dekadenten Merkmale aufweist wie ihr Pendant in den berühmten Einaktern. In dem 1890 entstandenen *Gespräch in der Kaffeehausecke* wird von Beginn an auf das dekadente Lebensgefühl verwiesen. So läßt Anatol sich sofort von der eigentümlichen Stimmung des Kaffeehauses einfangen, das er gerade mit seinem Freund Fred betreten hat:

> Das Lokal hat etwas Alt-Wienerisches, was mir sehr sympathisch ist. Die Billards sind viel zu lang, die Kassiererin ist viel zu häßlich, die Decke ist viel zu grau, die Beleuchtung viel zu schlecht – lauter Dinge, die ich sehr hübsch finde. (EW 1, 112)

Diese kleine Bemerkung erinnert fast ein wenig an Motive Baudelaires, nämlich an das Ästhetisieren des Häßlichen, wie es die *Fleurs du mal* in extenso vorführen. Sie bedient sich somit eines genuin dekadenten Gestus'. Die Außenwelt dagegen, repräsentiert durch die „dunkle Straße der Innenstadt", deren „Pflaster aber grau und naß war", findet Anatol einfach „stimmungslos" (EW 1, 112). Im Folgenden entwickelt sich ein Gespräch über die aktuelle Liebschaft Anatols, die auch Kernstück eines weiteren Einakters aus dem Zyklus sein könnte. Wie sein Namensvetter weiß Anatol bereits wieder genau um die Vergänglichkeit der Beziehung und antizipiert deren Ende. Es gibt im Leben dieser Décadents keine Erlebnisse, die nicht nur als isolierte Eindrücke eines Augenblickes empfunden werden, sondern gerade den Zusammenhang des Lebens fühlbar machen. Leben ist für den Décadent eine künstlich evozierte Stimmung und hat mit Werten, die ein soziales Zusammenleben aller Menschen ermöglichen, nichts zu tun. Ein Grundmotiv Schnitzlers, das zur Verstärkung dekadenten Lebensgefühls beiträgt, klingt in den frühen Erzählungen ebenfalls an: die Eifersucht auf die Vergangenheit der Geliebten, das unerträgliche Gefühl, nicht der Erste und der Einzige zu sein. Es handelt sich hierbei um ein Motiv mit stark autobiographischem Anteil; im Tagebuch sind häufig Stellen zu lesen, wie jene vom 27. September 1890, in der es um die Beziehung zu Marie (Mizi) Glümer geht:

> Mich hatte wieder einmal die Eifersucht auf das vergangne gepackt und ich hatte sie zuerst mit meinem Worten, dann mit meinem Schweigen gequält [...] Ununterbrochen verfolgen mich die Bilder. – Jenen ersten kenn ich nicht. Wie muß sie ihn geliebt haben. Er hat sie ja verführt! [...] Kann mich ein Weib glücklich machen, daß je einem andern gehört? – Alles, was ich jetzt fühle, denke, schreibe, trägt den Stempel dieser fixen Idee. (Tgb., 27.IX.1890)

Züge Marie Glümers sind auch in der Erzählung, die Gegenstand des folgenden Kapitels ist, in der Figur der Marie erkennbar.

3.2 Sterben

Das Jahr 1892 bringt in der erzählerischen Entwicklung Schnitzlers einen wichtigen Fortschritt. Die in diesem Jahr abgeschlossene kurze Novelle *Sterben*[94] gilt gemeinhin als erster echter Höhepunkt im epischen Werk und ist mitunter gar als „paradigmatisch für Schnitzlers gesamtes Werk"[95] angesehen worden. Sie erschien zuerst 1894 in den Heften 10-12 der Zeitschrift *Neue deutsche Rundschau* und wurde im darauffolgenden Jahr von S.Fischer in Berlin als Buchausgabe publiziert. In der Schnitzler-Forschung ist dieser Text bisher eher marginal behandelt worden, es existieren nur wenige Einzelstudien. Immerhin kommt beispielsweise Hubert Ohl zu einer positiven Bewertung des künstlerischen Gehaltes von *Sterben*:

> Schon hier findet er für einige Motive, die in seiner späteren Prosa wiederkehren, eine überzeugende Kunstgestalt. Die beklemmende Intensität des Textes [...] ist nicht zuletzt das Ergebnis eines überlegen kalkulierenden, ja konstruierenden ‚strategischen Talents'.[96]

Ernst Jandl, der in seiner 1950 erschienenen Dissertation erstmals sämtliche erzählerischen Werke Schnitzlers im Überblick zu würdigen versucht, kommt hinsichtlich dieses Textes zu dem Urteil, *Sterben* sei „die erste bedeutende Erzählung" und leite „zehn

---

[94] Aus *Sterben* wird im Rahmen dieses Kapitels lediglich unter Angabe der Seitenzahl des ersten Bandes des erzählerischen Werkes zitiert. Zitate aus anderen Werken Schnitzlers sind mit Bandangabe versehen.
[95] Scheible, Hartmut: Liebe und Liberalismus. Arthur Schnitzlers Werk in Grundzügen. In: ders.: Liebe und Liberalismus. Über Arthur Schnitzler. Bielefeld: Aisthesis 1996.S. 59-104. hier: S. 86.

Jahre reicher prosaischer Tätigkeit ein."[97] Sie ist auch die erste Arbeit des Œuvres, der internationale Beachtung geschenkt wird, so daß noch im Erscheinungsjahr 1895 eine französische Übersetzung erscheint.[98]

Der Text wird recht ausführlich behandelt werden, da er bereits beim frühen Schnitzler die intensive Reflexion lebensphilosophisch bedeutsamer Themen zeigt. Hubert Ohl deutet dies in seiner Studie über den Einfluß Schnitzlers und Hofmannsthals auf den frühen Thomas Mann an: „Schon dieser relativ frühe Text Schnitzlers erschließt eine Dimension des Epochenbewußtseins, die man im ganzen Frühwerk Thomas Manns vergeblich sucht."[99] Eben dieses Epochenbewußtsein in Bezug auf den Begriff des Lebens wird in dieser Arbeit anhand der verschiedenen Texte thematisiert.

Die Novelle kommt mit einem Minimum an handelnden Personen aus, es gibt lediglich drei. Sie alle werden nur beim Vornamen genannt, Zeichen einer absichtlich fehlenden Individualisierung der Figuren. Schnitzler interessiert nicht ein persönliches Einzelschicksal, sondern wie er später sehr selbstkritisch anmerken wird, „stammt es [*Sterben*] aus der Zeit, wo mich der ‚Fall' mehr interessiert hat als die Menschen."[100] Felix, der männliche Protagonist der Erzählung, hat von Albert, seinem Arzt, erfahren, daß er auf Grund einer Tuberkuloseerkrankung nur noch ein Jahr zu leben hat. Die dritte handelnde Person ist die Freundin von Felix, Marie.

Sie wird sich gegen Ende der Geschichte von Felix ab- und Albert zuwenden. Im Verlaufe der Erzählung unternimmt Schnitzler den Versuch, die Verhaltensweisen von Felix und Marie psychologisch genau zu sezieren. Das hat zur Folge, daß der Text auch mit einem Minimum an äußerer Handlung auskommt, während das „weite Land der Seele" (DW 8, 82) hier erstmals mit allergrößter Genauigkeit erforscht wird. Die Handlung erschöpft sich in einigen Ortswechseln von Felix und Marie sowie Spaziergängen o.ä. an diesen Orten. Formal erreicht Schnitzler den tiefen Einblick ins Innere seiner Figuren durch die häufige Verwendung der erlebten Rede und durch einige kurze Passagen, in denen der später so meisterhaft ausgebildete Innere Monolog zum Einsatz

---

[96] Ohl, Hubert: Décadence und Barbarei. Arthur Schnitzlers Erzählung *Sterben*. In: ZfdPh 108(1989). S. 551-567. hier: S. 552f..
[97] Jandl, Ernst: Die Novellen Arthur Schnitzlers. Diss. Masch. Wien 1950. S. 2.
[98] vgl.: Derré, Françoise: Schnitzler und Frankreich. In: Modern Austrian Literature. Vol. 19,1(1986). S. 27-48.
[99] Ohl, Hubert: Ethos und Spiel. Thomas Manns Frühwerk und die Wiener Moderne. Eine Revision. Freiburg: Rombach 1995. S. 74.

kommt. Auf diese formalen Dinge werde ich an den entsprechenden Textstellen noch einmal hinweisen.

Um den „Fall" genauer analysieren zu können, sind alle drei Personen typisiert. Während Felix eindeutig dem Typus des Décadents zuzurechnen ist, repräsentiert Marie vor allem im zweiten Teil der Erzählung als erste große Frauenfigur bei Schnitzler den Wert des Lebens. Albert steht als Arzt dem Erzähler Schnitzler vielleicht innerlich am nächsten, er verkörpert zunächst den Typus des distanzierten Beobachters und Vernunftmenschen, der die hoffnungslose Lage genau durchschaut, doch auch er kann sich von menschlichen (männlichen) Regungen nicht freimachen und fühlt sich schließlich zu Marie hingezogen.

Die Tragik des Inhaltes verstellt in *Sterben* zunächst den Blick auf die Züge der Dekadenz, die Felix' Verhalten gegenüber Marie bis ins kleinste Detail prägen. Dennoch lassen sich verschiedene Aspekte herausarbeiten.

Felix' Dekadenz ist grundsätzlich lebensfeindlich:

> Es ist die Dekadenz zarter Nerven und müder Melancholie, der überreizten Empfindung und Morbidezza, des ‚überhöhten Augenblicks' und der alles klärenden ‚Grenzsituation'. In dieser ‚Grenzsituation' der absoluten Endzeit, des äussersst kurz bemessenen Zeitraums vor dem unmittelbar drohenden Untergang, jene von Schnitzler bevorzugten Experimentierszenerie, die alle von Moral und gesellschaftlicher Konvention aufgestellten Schranken zum Einsturz bringt, weil sich in ihr Zeit und Raum verflüchtigen, bricht die reine dekadente Existenz hervor. Hier zeigt sich die alles dominierende Grundstimmung der Schnitzler-Figuren unverhüllt: das negative Lebensgefühl.[101]

Dieses Urteil Alfred Fritsches läßt sich durchaus auf Felix beziehen. Dieser befindet sich genau in einer solchen Grenzsituation, die Schnitzler zum Experimentierfeld für psychische Vorgänge wird. Die Grundlage für den Typus des Décadent liegt bei Felix in seinem – allerdings nur angedeuteten – Künstlertum, er ist wohl Schriftsteller:

> Felix fühlte sich an den schönen Sommertagen so wohl, daß er sich bald nach seiner Ankunft wieder ans Arbeiten machen wollte. [...] Und auf dem kleinen Tischchen, wo Felix seine Papiere und Bücher aufgeschichtet hatte, tanzten die Sonnenstrahlen und durchs Fenster herein kam vom See her eine weiche, schmeichelnde Luft, die von allem Unglück der Welt nichts wußte. (146)

Künstlerfiguren spielen bei Schnitzler gerade in den frühen Erzählungen immer wieder eine zentrale Rolle. Man kann hierin einen Hinweis auf das Reflektieren der eigenen Position sehen, die den jungen Arzt und Naturwissenschaftler Schnitzler zu jener Zeit

---

[100] Hugo von Hofmannsthal – Arthur Schnitzler. Briefwechsel. Frankfurt/M.: Fischer 1983. S. 179.
[101] Fritsche: a.a.O. S. 83.

besonders beschäftigt. Auch der Zusammenhang von Dekadenz und Künstlertum wird aus den Beschreibungen in der Autobiographie *Jugend in Wien* recht deutlich. Das bewußt stilisierte Bohèmeverhalten des jungen Arthur wird in mehreren Passagen deutlich formuliert, etwa wenn ein typischer Tagesablauf beschrieben wird:

> Ich stand wie gewöhnlich ziemlich spät auf und konnte vor neun, um welche Zeit meine anatomische Vorlesung begann, nichts Rechtes mehr anfangen. Nachdem ich Langers Vortrag über den Kehlkopf ziemlich aufmerksam angehört, verfügte ich mich ins chemische Laboratorium, wo ich mehr mit Richard Kohn plauderte als arbeitete. [...] Nach Tisch spielte ich mit meiner Mama die Wagner'sche Faustouverture, dann ging ich mit Eugen ins Café Central, wo wir drei Partien Schach spielten. [...] Sie kam, wir begaben uns in den Quaipark. [...] Sie hing sich in meinen Arm, und es ward immer dunkler, während wir das heitere Gespräch recht oft durch zärtliche Küsse auf süße Weise unterbrachen. [...] Nach Hause gekommen, las ich Max Waldau ‚Nach der Natur', phantasierte auf dem Piano und spielte mit meinem Bruder [...] Schach. (JW, 127)

In der Erzählung wird Felix' dekadente Interpretation von Künstlertum an einer Stelle besonders plastisch. Statt eines gewöhnlichen Testamentes will er der Nachwelt noch ein letztes großes Werk hinterlassen, um auf diese Weise zu demonstrieren, daß er sich im Ästhetischen von seinem grausamen Schicksal gelöst hat und es gelassen annehmen kann, eine Gewißheit, die von den harten Fakten später mehr und mehr ad absurdum geführt wird. Zunächst einmal ist er vom Gelingen dieser Strategie jedoch überzeugt:

> Das war es, was er wollte. Nicht einen letzten Willen, wie ihn gewöhnliche Menschen niederschreiben, der stets die geheime Angst vor dem Sterben verrät. Auch sollte dieses Schriftstück nicht über Dinge handeln, die man greifen und sehen kann, und die schließlich doch irgend einmal nach ihm zugrunde gehen mußten: s e i n letzter Wille sollte ein Gedicht sein, ein stiller, lächelnder Abschied von der Welt, die er überwunden. [...] So einsam wurde er da, so groß. (152f.)

Die Auflösung der faktischen Existenz des Todes durch das Kunstwerk als Überwindung der Welt, darin liegt für den Décadent Felix die absolute Ästhetisierung seiner Existenz, die ihn von den banalen irdischen Leiden erlöst und den Tod letztendlich ignoriert.

Die Ästhetisierung ist in diesem Sinne nicht als gesteigertes Leben zu sehen, Felix' Existenz ist vielmehr geprägt von einer genuin lebensfernen, lebensmüden Dekadenz. Er verrät dies durch beiläufige Bemerkungen. So antwortet er auf die Befürchtung Maries, der Gang in den Prater könne seiner angeschlagenen Gesundheit schaden, weil es dort so feucht sei: „Ach, es ist ja gleichgültig." (133) Vordergründig bezieht sich diese Bemerkung auf das Faktum seines bevorstehenden Todes, doch bezeichnet sie auch die generelle Einstellung des Stimmungsmenschen Felix zum Leben. Schon der Erzähleingang läßt keinen Zweifel aufkommen, in welcher Atmosphäre das Verhältnis zwischen Felix und Marie sich abspielt. In der „Milde des entschwindenden Maitages", der „kühler" werdenden Luft und dem Tor des Wiener Augartens, „das bald geschlossen werden mußte" (132), ist latente Dekadenzmotivik enthalten. Nicht nur das Tor zum Garten, auch das Tor zum Leben wird für Felix bald geschlossen werden, sein Untergang ist im entschwindenden Tag bereits symbolisch angedeutet. Darüber hinaus deutet der abgeschlossene Garten auch unterschwellig auf die abgeschlossene und lebensferne Oase hin, in die der Décadent Felix sich gerne flüchten würde, ein Refugium vor den häßlichen Einflüssen der äußeren Welt. Auch der Wunsch, aus der Stadt, die „heiter um sie schwirrte" und über der „etwas von dem allgemeinen unbewußten Glücke zu liegen [schien]", (132) in den Prater zu gehen, verweist auf diesen Wunsch nach Einsamkeit und Abgeschlossenheit. Bereits an dieser Stelle deutet sich mit Maries Hinweis, dort sei es ihr zu kalt, ihre Abneigung gegen dieses Entfernen von einer lebensfrohen Atmosphäre an. Felix dagegen will unbedingt vor der Gesellschaft anderer Individuen fliehen:

> Und ich will auch nicht in der Stadt nachtmahlen, weil ich heute keine Lust habe, mich zwischen die Gasthauswände zu setzen, und dann schadet mir der Rauch, - und ich will auch nicht viel Menschen sehen, das Geräusch tut mir weh! (134)

Felix ist so sehr Stimmungsmensch, daß er sogar für die ernste Mitteilung, die er Marie zu machen hat, eine „recht dämmerige und trauliche Ecke" und das „Halbdunkel" (134) braucht. Seine Dekadenz zeigt sich auch in seinem Verlangen, das Wissen um seinen nahen Tod nicht für sich behalten zu müssen. Er könnte seiner Freundin das Mitleiden ersparen, doch obwohl er dies weiß, kann er es nicht zurückhalten:

> Es ist erbärmlich, daß ich dir's überhaupt sage, und sogar dumm. Aber weißt du, es ganz allein zu wissen und so einsam herumzugehen, ewig mit dem Gedanken – ich hätte es ja wahrscheinlich doch nicht lange ausgehalten. Vielleicht ist es sogar gut, daß du dich daran gewöhnst. (134f.)

Mit der letzten Bemerkung scheint auch schon angedeutet, daß der Plan, Marie mit in den Tod zu nehmen, bereits in Felix zu reifen beginnt, da sie sich an den Gedanken gewöhnen soll, daß diese Stunden die letzten sind. Er benutzt Marie als Projektionsfläche seiner Wünsche, Ängste und Begierden. An dieser Stelle zeigt Schnitzler, wie das Leben, das um die beiden Liebenden tost, einen Kontrast zu den von nun an todesumwehten Gedanken Maries bildet. Trotz der Todesgedanken ist sie dem Leben so verhaftet, daß sie es intensiv, wenn auch in diesem Moment schmerzlich wahrnimmt:

> Sie waren am Ausgange des Praters. Lebendiger war es um sie geworden, laut und hell. Wagenrasseln auf den Straßen, Pfeifen und Klingeln der Trams, das schwere Rollen eines Eisenbahnzuges auf der Brücke über ihnen. Marie zuckte zusammen. All dies Leben hatte mit einem Male etwas Höhnisches und Feindliches, und es tat ihr weh. (137)

Dieser Schmerz wird noch verstärkt durch Felix' dekadentes Kokettieren mit dem Todesgedanken, das sich sowohl aus dem Wissen um den bevorstehenden Tod als auch aus dem akuten Krankheitszustand erklärt:

> Es ist etwas so Unbegreifliches, nicht wahr? Denk einmal, ich, der da neben dir hergeht und Worte spricht, ganz laute, die du hörst, ich werd' in einem Jahr daliegen, kalt, vielleicht schon vermodert. (138)

Felix provoziert auf diese Weise, daß Marie sich in ihrer Verzweiflung zu dem Versprechen hinreißen läßt, sie wolle mit ihm in den Tod gehen. Sie, die Felix in ehrlicher Liebe zugetan ist, klammert sich an die Vision eines romantischen Liebestodes, der sie endgültig miteinander verschmelzen lassen würde. Da sie auf der bewußten Ebene ihr bisheriges Leben vollkommen in dem von Felix hatte aufgehen sehen, glaubt sie, es nun auch hingeben zu müssen, da er dem Tode geweiht ist[102]:

> ‚Ich will mit dir sterben.' [...] ‚Ich kann ohne dich nicht sein.' [...] Sie klammerte sich fester an ihn. [...] Sie schrie auf. ‚Ich hab' mit dir gelebt, ich werde mit dir sterben.' [...] ‚Nie, nie wird' ich dich verlassen.' [...] ‚Was immer kommt, wir beide haben dasselbe Schicksal.' (140)

Doch Felix ist in diesem Moment von einer geradezu brutalen Klarsichtigkeit: „Ich muß gehen, und du mußt bleiben." (140) Hier zeigt er, neben einer bewußten Provokation Maries, seine Neigung, sich einem Heroismus des Erduldens hinzugeben, den er philosophisch motiviert sieht: „Wenn man philosophisch über die Sache denkt, so ist es nicht so fürchterlich. Wir haben ja noch so viel Zeit, glücklich zu sein; nicht, Miez?" (139) Zum einen schwingt hier antike Philosophie im Sinne des Horaz'schen „Carpe diem" mit, zum andern scheint sich eine spezifische Aneigung Schopenhauers dahinter zu verbergen. Felix glaubt, erkannt zu haben, daß der Wille zum Leben nur Schmerz hervorruft, er gibt somit vor, das Faktum des Todes für sich zu akzeptieren und den Tod als Beginn des Philosophierens zu begreifen. Die Vermutung, daß Felix an dieser Stelle an Schopenhauer denkt, läßt sich noch dadurch stützen, daß dieser von ihm in fortgeschrittenem Krankheitszustand als vermeintlicher Poseur entlarvt wird:

> Eines Abends traf ihn Alfred an, wie er eben einen Band Schopenhauer auf seine Bettdecke hatte sinken lassen und mit verdüsterter Miene vor sich hin schaute [...] ‚Ich will dir was sagen, Alfred', rief er dem Eintretenden mit fast erregter Stimme entgegen. ‚Ich werde doch

---

[102] Nur drei Jahre vor Entstehen von *Sterben* war gewissermaßen auf höchster Ebene ein solcher romantischer Liebestod vollzogen worden. Dabei handelte es sich um den Kronprinzen Rudolf und seine erst siebzehnjährige Geliebte Mary Vetsera, die sich im Jagdschloß der kaiserlichen Familie zusammen umbrachten. Die Inschrift des Ringes, den Mary trug, lautete ILVBIDT (In Liebe vereint bis in den Tod). Diese sogenannte „Tragödie von Mayerling" zeigt recht deutlich, wie stark derartige Vorstellungen im Bewußtsein der Zeit – vor allem auch unter dem Einfluß der starken Richard-Wagner-Rezeption – präsent waren. Schnitzler gestaltet hier somit ein durchaus gängiges Motiv.

wieder Romane lesen.' [...] ,Es ist wenigstens eine aufrichtige Fabelei. Gut oder schlecht, von Künstlern oder Stümpern. Diese Herren da aber [...] sind niederträchtige Poseure.' [...] Das Leben verachten, wenn man gesund ist wie ein Gott, und dem Tod ruhig ins Auge schauen, wenn man in Italien spazierenfährt und das Dasein in den buntesten Farben ringsum blüht, - das nenn' ich ganz einfach Pose. [...] Mich widert's geradezu an. Alle sind sie Poseure!' (184f.)[103]

Auch mag Felix seine Situation als Grenzerfahrung im Sinne Kierkegaards empfinden, ist er doch in diesen Momenten dem Zustand echter Verzweiflung sehr nahe. Allerdings ist er seiner ästhetischen Lebensform zu stark verhaftet, um sich bewußt für eine ethische Lebensform in seinen letzten Lebensmomenten zu entscheiden. Diese Entscheidung böte für ihn auch die Möglichkeit, zu erkennen, daß er moralisch handelte, gestünde er Marie ihr Recht auf ein Weiterleben ohne ihn zu.

Marie selbst interpretiert zunächst die Verneinung des Willens zum Leben auf ihre eigene Weise. Indem sie ihr eigenes Fortexistieren der Fixierung auf Felix' Leid unterordnet, eignet sie sich die Mitleidstheorie Schopenhauers in einer spezifischen Form an. Sie verneint ihre Individualität und möchte sich und den Geliebten als Ganzheit sehen: „Was immer kommt, wir beide haben dasselbe Schicksal." (140) Dieser Wunsch wird von Felix jedoch gerade mit einem Rückgriff auf sein ästhetisches Empfinden abgewiesen: „'Nein', sagte er ernst und bestimmt, ,laß das. Ich bin nicht wie die anderen. Ich will es nicht sein.'" (140) In diesem Moment erweist sich Felix als Poseur. Er, der vorher seine Verzweiflung zu erkennen gegeben hat, geht nicht einfühlsam auf Maries Schmerz ein, sondern versucht, sich in eine großmütige Geste zu retten und sich auf sein eigenes „Außerhalbstehen" zu berufen. So verzweifelt, wie Marie versucht, hier ein Einheitsgefühl von zwei Liebenden zu beschwören, so kalt und hochmütig beharrt Felix äußerlich auf der Getrenntheit der zwei Existenzen.

Am Ende des ersten Kapitels fügt Schnitzler zum ersten Mal ein retardierendes Moment ein, ein Stilmittel, welches in dieser Erzählung häufiger verwendet wird und dazu dient, das Quälende des beschriebenen Prozesses auch auf der formalen Ebene zu verdeutlichen. Es ist kein sanftes und schnelles Sterben, das hier vor sich geht, sondern ein

---

[103] Ganz nebenbei paraphrasiert Schnitzler an dieser Stelle einen seiner eigenen Aphorismen, die sein prinzipielles Mißtrauen gegenüber der Philosophie zum Ausdruck bringt:
EINEM PHILOSOPHEN INS STAMMBUCH
Aus fremden Leid hast du dich schnell gerettet
In die Idee.
Doch immer bleibst du irdisch fest gekettet
Ans eigne Weh.
(BSB, 16. Sprüche in Versen.)

langsamer, schleichender Prozeß, der sich zwischendurch immer wieder zum Guten zu wenden scheint, um dann um so stärker und grausamer seinen Fortgang zu nehmen. Die Psyche der betroffenen Figuren ist dabei stärksten Reizen ausgesetzt und kaum noch in der Lage, die objektiv sich abspielenden Dinge im Kopf richtig umzusetzen. Jedes noch so kleine Anzeichen von Besserung wird als Hoffnungszeichen gedeutet, doch ist die Unwirklichkeit dieser scheinbaren Besserungsphasen auf der Textebene immer präsent:

> Es war hellichter Tag, als er erwachte. Marie saß auf dem Bettrand, sie hatte ihn wachgeküßt. Sie lächelten beide. War nicht alles ein böser Traum gewesen? Er selbst kam sich jetzt so gesund, so frisch vor. Und draußen lachte die Sonne. Von der Gasse herauf drang Geräusch; es war alles so lebendig. Im Hause gegenüber standen viele Fenster offen. Und dort auf dem Tische war das Frühstück vorbereitet wie jeden Morgen. So licht war das Zimmer, in alle Ecken drang der Tag. Sonnenstäubchen flimmerten, und überall, überall Hoffnung, Hoffnung, Hoffnung! (141)

An diesem kurzen Absatz lassen sich verschiedene Dinge zeigen: Die Ebene des Traumes wird angedeutet, für Felix hat der Eintritt des Todes ins Leben etwas Unwirkliches und Absurdes. Die kurzfristige körperliche Besserung vermag die Psyche des Kranken bereits zu verwirren. Was sich hier vor allem zeigt, ist der Lebensdrang, den Felix in sich trägt und der an dieser Stelle nichts mit einer bloßen Ästhetisierung zu tun hat. Der ganze Abschnitt ist mit positiven, für volles Leben stehenden Vokabeln wie „gesund" und „frisch" durchsetzt. Die lachende Sonne, das offene Fenster, selbst das Frühstück als Sinnbild des gestärkten Aufbruchs in einen neuen Tag, der bis in den letzten Winkel des vorher so düsteren Hauses dringt, sind voller Lebenssymbolik, und all diese Symbole münden in das durch dreifache Wiederholung emphatisch betonte Wort „Hoffnung". Auch erscheint in diesem Bild Marie als diejenige, die das Leben in sich trägt. Indem sie ihn wachküßt, haucht sie ihm neues Leben ein. Nur sie ist es, die die Nähe und den Wert des Lebens noch spürbar macht.

Im nächsten Kapitel tritt mit der Figur des Doktors, Albert, eine neue Sicht des Lebens hinzu. Albert weiß um die tödlich verlaufende Krankheit seines Freundes Felix, er verrät sich während des Gesprächs mit Marie in einem kurzen Gefühlsausbruch, bevor Felix ins Zimmer tritt: „'Es ist zu dumm', fuhr der Doktor auf, ‚es ist zu dumm. Ich begreife das nicht! Als wenn es so dringend notwendig wäre, einen Menschen –.'" (142) Albert ist der Repräsentant der Ratio. Er handelt nach Vernunft und Gewissen, indem er versucht, Felix die Gewißheit über seinen Zustand zu verschweigen. Seine Vernunft sagt ihm, daß das Leben - auch der kleine Rest, der Felix noch bleibt - zu wertvoll ist, um nicht glücklich und unbeschwert gelebt zu werden. Albert erweist sich hier als großer Moralist, da er die Maßstäbe seines Handelns am Leben seiner Patienten ausrichtet. Die Pflicht zur Erhaltung des Lebens, die jedem Arzt durch den Hippokratischen Eid auferlegt ist, wird in diesem Zusammenhang neu interpretiert. Indem er die sichere Diagnose verschweigt, versucht er, ein „normales" Leben zu ermöglichen.[104] Diese Haltung kann natürlich nur auf dem Ausschluß metaphysischer Jenseitshoffnungen beruhen. Sie propagiert eine vollkommene Diesseitszugewandtheit und unterstreicht damit den Wert des Lebens im Sinne der Lebensphilosophie Schopenhauers und Nietzsches, die auf den Trost eines besseren Lebens nach dem Tode verzichtet hatten. „Gott ist tot", sagt Nietzsche, und damit muß der Mensch seinem Leben auf Erden den größtmöglichen Wert beimessen. Das bedeutet eine Relativierung von Wahrheiten. Felix naher Tod ist eine solche unumstößliche Wahrheit, deren Wert im Hinblick auf das Fortleben im Hier und Jetzt jedoch äußerst fraglich erscheint. Albert deutet dies auch an, wenn er dem Doktor Bernard, der Felix die Diagnose mitgeteilt hat, mangelndes Einfühlungsvermögen unterstellt:

> ‚Ich sag's ja immer', rief der Doktor aus, ‚diese großen Kliniker sind alle zusammen keine Psychologen.' ‚Weil sie nicht einsehen, daß wir die Wahrheit nicht vertragen', warf Felix ein. ‚Es gibt ja gar keine Wahrheiten, sag' ich. Der Mann hat sich gedacht, er muß dir die Hölle heiß machen, damit du nicht leichtsinnig bist. Das war so ungefähr sein Gedankengang.' (143)

Schnitzler relativiert an dieser Stelle den positivistischen Wahrheitsglauben des 19. Jahrhunderts und verweist mit der Figur Alberts bereits auf spätere Werke wie *Der einsame Weg*, wo Doktor Reumann die Lüge gutheißt, wenn sich erwiesen habe, „daß sie den Frieden des Hauses tragen kann" und die Wahrheit verwirft, wenn sie „nichts anderes vermöchte, als das Bild der Vergangenheit zu zerstören, das Gefühl der Gegenwart zu trüben und die Betrachtung der Zukunft zu verwirren." (DW 5, 110) Allerdings wird durch den Fortgang der Ereignisse sowohl in *Sterben* als auch in *Der einsame Weg* das Funktionieren der Lügestrategie verneint. Schnitzler stellt diesen Aspekt ärztlichen Handelns somit zur Diskussion und propagiert ihn nicht vorbehaltlos. Genauso wenig wird letztlich die Entscheidung des Doktors Bernard gebilligt, Felix die volle Wahrheit zu sagen. Dies zeigt sich auch daran, daß dieser gar nicht selbst als handelnde Person in

---

[104] Dieses spezifische Verantwortungsbewußtsein des Arztes gegenüber seinem todgeweihten Patienten steht besonders im *Professor Bernhardi* am Beginn der Verwicklungen. (vgl. das entsprechende Kapitel dieser Arbeit)

der Erzählung auftritt, also Randerscheinung bleibt und zudem kurze Zeit später stirbt.[105]

Im weiteren Verlauf der Erzählung scheint zunächst ein wenig Stillstand einzutreten. Marie und Felix sind auf Anraten Alberts verreist und verbringen einige Zeit in den Bergen. Felix' Zustand ändert sich in diesen Tagen nur unwesentlich, und so ist auch der Ton des Textes eher gemäßigt. Nur kleine Brüche rufen immer wieder die tödliche Bedrohung in die Erinnerung zurück. In diesen Momenten zeigt sich auch die Unberechenbarkeit von Felix, der Maries Bemühungen, es ihm angenehm zu machen, zwar hinnimmt, aber nicht zu würdigen weiß. So sagt er einmal völlig unvermittelt:

> Du, [...] die ersten acht Tage sind um. [...] So wehrlos komme ich mir vor. Plötzlich überfällt es einen. [...] Wehrlos! Wehrlos! Kein Mensch kann mir helfen. Die Sache an sich ist ja nicht so schrecklich, - aber daß man so wehrlos ist! [...] Entschuldige, daß ich dich schon wieder mit meiner Krankheit unterhalte. (148)

Gerade der letzte Satz entlarvt die perfide Strategie, die sich auf Seiten von Felix langsam zu entfalten beginnt. Er appelliert an Maries Gewissen und versucht damit, je stärker sein Verfall fortschreitet, sie zu zwingen, mit ihm zu sterben. Zwar fühlt er sich groß in seiner Einsamkeit, seinem „Außerhalbstehen", doch nutzt er nun eben diese souveräne Stellung, um Macht über andere Menschen auszuüben. Rational gesehen führt er damit seinen eigenen Anspruch ad absurdum, doch im dekadenten Stimmungsrausch glaubt er, das Recht zu besitzen, andere zu zerstören, denn er fühlt sich als „Weltgesetz" (DW 1, 64) im Sinne Anatols, welches andere Menschen „zermalmen" (ebd.) darf.

Auch hier koppelt Felix seine Haltung zu Tod und Leben wieder an die Gedanken Schopenhauers, wenn er sagt: „der Gedanke an den nahen Tod macht mich, wie andere Männer auch, zum Philosophen." (150) Diese Aussage läßt sich in direkten Bezug zu einer Bemerkung Schopenhauers setzen, der den Tod als Ausgangspunkt aller Philosophie begreift:

---

[105] vgl.: Müller-Seidel, Walter: Moderne Literatur und Medizin. Zum literarischen Werk Arthur Schnitzlers. In: Akten des Internationalen Symposiums ‚Arthur Schnitzler und seine Zeit'. Hg. v. Giuseppe Farese. Bern: Lang 1985. S. 60-92. hier: S. 65.
Müller-Seidel führt den Namen des Arztes auf den französischen Arzt Claude Bernard zurück, „der in seiner Introduction à l'étude de la médicine expérimentale die Medizin als strenge Wissenschaft auf Experimente zu gründen versucht hatte." Aus der Bedeutung dieses Werkes für Emile Zolas *Roman experimental* schließt Müller-Seidel auf eine implizite Kritik „am unerbittlichen Wahrheitseifer des französischen Naturalisten".

> ohne Zweifel ist es das Wissen um den Tod, und neben diesem die Betrachtung des Leidens und der Noth des Lebens, was den stärksten Anstoß zum philosophischen Besinnen und zu metaphysischen Auslegungen der Welt giebt. (WW II/1, 187)

Allerdings macht diese Erkenntnis Felix nicht zum „animal metaphysicum" (WW II/1, 187), er projeziert vielmehr das „Bedürfniß einer Metaphysik", welches nach Schopenhauer entsteht, wenn der Mensch „zum ersten Male mit Bewußtseyn dem Tode gegenübersteht" (ebd.) auf die Person Maries, die ihm folgen und seinen Tod damit weniger grausam machen soll.

Die trivialisierte Anverwandlung der Philosophie Schopenhauers wird aus Felix' Bemerkung noch auf eine andere Weise deutlich. Er sagt, „der nahe Tod" mache ihn zum Philosophen. Nicht umsonst hat Schnitzler den Titel der Erzählung von *Naher Tod* in *Sterben* geändert. Am 04.02.1892, als Schnitzler in sein Tagebuch einträgt: „Nachm. Naher Tod begonnen." (Tgb., 04.II.1892), läßt sich interessanterweise auch bereits Schopenhauer-Lektüre Schnitzlers nachweisen, nur wenige Tage vorher berichtet er nämlich, er habe seiner Geliebten, Marie Glümer, aus dessen Werk vorgelesen:

> Vorm. Mz. bei mir, dann beim Volksth. auf sie gewartet Abds. zu ihr. [...] Obwohl ich mir oft das Gegentheil vornehme, drück' ich immer wieder meinen Aerger über mancherlei, und die Empfindung aus, nicht genug geliebt zu werden. – Las ihr Schopenhauer über die Weiber vor. (Tgb., 01.II.1892)

Es ist nicht anzunehmen, daß sich Schnitzlers Lektüre auf den marginalen Aufsatz *Über die Weiber* beschränkt haben sollte. So werden ihm die grundlegenden Gedanken dieser Philosophie, wie sie sich vor allem im Hauptwerk *Die Welt als Wille und Vorstellung* präsentiert, zu dem Zeitpunkt, als *Sterben* entsteht, bereits vertraut gewesen sein. Der Grundgedanke des Textes tritt schon im ersten Titel zutage, offensichtlich soll ein Mensch mit einem nahe bevorstehenden Todesereignis konfrontiert werden. Am 01.11.1892 berichtet Schnitzler, der Titel sei im Freundeskreis kontrovers diskutiert worden[106], und am 22.09.1893 taucht erstmals explizit der endgültige Titel auf, als

---

[106] Die Diskussion neuer Schriften im Kreise der Jung-Wiener gehörte zu den unumstößlichen Gepflogenheiten. So manches Werk hat auf diese Weise entscheidende Anregungen enthalten. In Schnitzlers Tagebüchern werden die Reaktionen seiner Bekannten auf Lesungen seiner neuen Werke immer wieder genau festgehalten. Wo auch immer man sich aufhielt, wurden auf verschiedene Weise Treffen vereinbart:
> Dörmann will uns sein neues Buch [...] vorlesen und hat mich gebeten, Sie einzuladen. Wenn Sie also nichts besseres vorhaben, kommen Sie morgen Samstag, ½8 Uhr (pünktlich) Gewerbeverein, Eschenbachgasse, 3. Stock, im Secretariat. Es kommen Salten, Bahr, Sie und ich. Wenn Sie nicht können, sagen Sie mir bitte pneumatisch ab.
> (Hofmannsthal – Schnitzler: Briefwechsel: a.a.O. S. 14.)

Schnitzler berichtet, er habe „Sterben (Novelle) an Neumann-Hofer[107] gesandt." (Tgb., 22.IX.1893) Die Änderung des Titels verdeutlicht, worauf Schnitzler das Hauptaugenmerk richten wollte. Das bloße Faktum des Todes war auf Grund der verlorenen Jenseitshoffnungen uninteressant, Objekt der Betrachtung war hingegen die langsame, physisch wie psychisch quälende Annäherung an den Tod im Diesseits, das Sterben an sich. Auffallend ist hier die Analogie des prozessualen Charakters des Sterbevorgangs zum Fluß des Lebens in der Lebensphilosophie. Im Prozeß des Sterbens versiegt der Lebensfluß gleichsam unaufhörlich und unaufhaltbar und führt vor Augen, daß alles Leben auch immer ein stetiges Sterben ist, wie auch der Aphoristiker Schnitzler weiß:

> FRÜHLING IM HERBST
> Daß immer süßer dir von Jahr zu Jahre
> Ins durst'ge Herz der Trank des Frühlings glitt, -
> Begreifst du's nun das Schmerzlich-Wunderbare?
> Den bittern Tropfen Abschied trinkst du mit!
> (BSB, 16. Sprüche in Versen.)

Dieses Bewußtsein wiederum ist einer der zentralen Topoi der Dekadenz. Felix verdeutlicht die ganze Widersprüchlichkeit dieser Einstellung. Er ist die Inkarnation des „Schmerzlich-Wunderbaren", indem er immer wieder zwischen dem Reiz, seinen eigenen Verfall ästhetisch zu überhöhen, und der bloßen Angst vor seinem Ableben ohne irgendeine Hoffnung auf ein Danach schwankt. Der Begriff der Hoffnung verbindet sich bei Schnitzler ausschließlich mit dem Leben. Nur wer das Leben völlig verneinte, wäre auch in der Lage, das danach kommende absolute Nichts mit identischer Gleichgültigkeit zu ertragen. Die Unmöglichkeit dieses Unterfangens erweist sich, als Felix das geplante große Werk in Angriff nehmen will, Papier und Stift jedoch wieder aus der Hand legen muß:

> Noch war er zur Arbeit nicht fähig. Er mußte sich erst zur völligen Lebensverachtung durchringen, um dann, der stummen Ewigkeit ruhig entgegensehend, wie ein Weiser seinen letzten Willen aufzuzeichnen. (152)

In solchen Momenten ist Felix wieder ganz der Décadent, der sein „Außerhalbstehen" fühlt und kultiviert: „So einsam wurde er da, so groß." (153) Der bevorstehende Tod wird zur Grenzerfahrung, die ihm scheinbar die Stilisierung seines eigenen Niedergangs ermöglicht. Diese Gedanken hat er an einem „Sommernachmittag", der durch seine Schwüle bereits sein eigenes Ende ankündigt. Felix jedoch fühlt hier den Höhepunkt des

---

[107] Gilbert Otto Neumann-Hofer (1857-1941) war Literaturkritiker.

Tages, scheint damit eine Haltung einzunehmen, wie Nietzsche sie in den *Dionysos-Dithyramben* verarbeitet:

> Meine Sonne stand heiß über mir im Mittage / seid mir gegrüßt, daß ihr kommt / ihr plötzlichen Winde / ihr kühlen Geister des Nachmittags! / Die Luft geht fremd und rein. / Schielt nicht mit schiefem / Verführerblick / die Nacht mich an? ... / Bleib stark, mein tapfres Herz! / Frag nicht: warum? / Tag meines Lebens! / die Sonne sinkt. [...] Tag meines Lebens! / gen Abend geht's! [...] Heiterkeit, güldene, komm! / du des Todes / heimlichster, süßester Vorgenuß! (GAG, 543f.)

Wie wenig jedoch das Konzept der „völligen Lebensverachtung" greift, erweist sich nur wenige Zeilen später. Felix wird von einer plötzlichen Euphorie ergriffen, die seine Sinne verwirrt und seinen fortgeschrittenen geistigen Verfall zeigt. Auf einmal verneint und verachtet er nicht das Leben, sondern den Tod, gleichzeitig wird diese Haltung erneut mit dem Begriff der Hoffnung verknüpft:

> Und plötzlich kam es wie eine Erleuchtung über ihn. Er glaubte nicht daran. Das war es, und darum war ihm so frei und wohl, und darum schien ihm heute die rechte Stunde gekommen. Nicht die Lust am Leben hatte er überwunden, nur die Angst des Todes hatte ihn verlassen, weil er an den Tod nicht mehr glaubte. Er wußte, daß er zu jenen gehörte, die wieder gesund werden. [...] Der Tag wurde heller und das Leben lebendiger. Das also war es, das war es!? Und warum? Warum mußte er mit einem Male wieder so trunken vor Hoffnung werden? Ach, Hoffnung! Es war mehr als das. Es war Gewißheit. (153f.)

Der Zustand zunehmender Verwirrung, der Felix zu diesem Zeitpunkt ergriffen hat, wird auf der Zeichenebene durch das Setzen von Fragezeichen und Ausrufezeichen hinter den – durch die Doppelung noch verstärkten –, eigentlich sichere Erkenntnis ausdrückenden, Satz „Das also war es, das war es!?" deutlich. Diese Momente werden bei Schnitzler formal jeweils als Retardation eingesetzt. Am Ende dieses Abschnittes scheint es den beiden Liebenden fast zu gelingen, jegliches Bewußtsein auszuschalten und gleichsam in einem Zustand der Präexistenz[108] zurückzukehren:

> Sie fanden alte Worte wieder, die Worte der ersten Liebestage. Die süßen Fragen zweifelnder Zärtlichkeit gingen zwischen ihnen hin und her, und die innigen Worte schmeichelnder Beruhigung. Und sie waren heiter und waren wieder Kinder, und das Glück war da. [...] Eine wohlige Schwüle hüllte sie ein, in der sie des Denkens vergaßen. (155)

Für Marie wird gerade dieser kindlich-präexistentielle Zustand zum Symbol der Hoffnung auf Heilung und damit auf Leben. Mit dem Mittel der erlebten Rede macht Schnitzler auch an dieser Stelle deutlich, wie stark der Lebensdrang in Marie ist: „O, wie schön war es doch zu leben! Und ihr ganzes Leben war er, nur er." (155) Der zweite

---

[108] „Präexistenz" ist, vor allem bei Hofmannsthal, einer der ganz zentralen Begriffe, die jenen vorbewußten Zustand bezeichnen, in dem der Mensch noch ganz bei sich selbst ist. Er ist – wie im Zitat – meist mit der Kindheit konnotiert.

Satz zeigt allerdings auch, daß Marie zu diesem Zeitpunkt noch nicht zur Wertschätzung ihres individuellen Lebens gelangt ist, immer noch koppelt sie ihr Schicksal an das des geliebten Mannes. Doch nur wenige Momente später tritt eine entscheidende Wendung in der Erzählung ein, denn nachdem sie von der Seite des schlafenden Felix aufgestanden und aus dem geschlossenen Raum des Zimmers auf die im Freien gelegene Terrasse gegangen ist, erkennt Marie zum ersten Mal, daß sie im Begriff ist, einen großen Fehler zu begehen:

> Sie hatte einen sonderbaren Drang, dem Morgen entgegenzugehen. [...] Ein unsägliches Behagen durchfloß Marie, wie sie in der tiefen Stille des anbrechenden Sommermorgens da draußen lehnte. [...] Es war so schön, so eine Weile allein zu sein inmitten der großen Stille – weg aus dem engen, dunstigen Zimmer. Und mit einem Male durchzuckte sie die Erkenntnis: sie war gern von seiner Seite aufgestanden, gern war sie da, gern allein! (156f.)

Von diesem Moment an macht sich bei Marie das Gefühl bemerkbar, daß ihr Leben mehr wert ist, als es einem vermeintlichen Liebestod zu opfern. Mit der zunehmenden Emanzipierung Maries zeigt Schnitzler bereits in diesem Frühwerk, „daß allein das Gewissen des Einzelnen die Instanz ist, die [...] über die Wahrheit eines Menschenlebens entscheidet."[109] Die Wahrheit ihres Lebens kann für Marie also nicht darin bestehen, einen sinnlosen Tod zu sterben, sondern nur darin, ihre Eigenverantwortlichkeit, und damit den Wert ihres eigenen Lebens zu erkennen. Damit tritt auch mehr und mehr zutage, wie Felix' Verhalten letztendlich wirklich zu interpretieren ist, nämlich als „barbarische Machtausübung dem Lebensrecht anderer gegenüber"[110] Aufbruch zu einem stärker gefühlten eigenen Leben und Verharren in den angeeigneten Verhaltensweisen werden von Schnitzler bei beiden Figuren auch auf der symbolischen Ebene angedeutet, wenn Marie jeden Morgen möglichst schnell ins Freie eilt, während Felix durch langes Liegenbleiben sich in sein Schicksal zu fügen scheint. Marie zieht es nun immer mehr an das Ufer des Sees oder gar in einem Boot auf den See, sie sucht die Nähe des Wassers als dem Element des Lebens, und so hat sie schließlich ein erneutes Erlebnis, das ihre steigende Lebenszugewandtheit verdeutlicht, als sie auf dem See zwei jungen Herren begegnet, die sie grüßen. Marie grüßt zurück und schaut sich sogar noch einmal nach den beiden um, als wenn sie sich nach dem so nahen und doch wieder entgleitenden Leben sehnte.

---

[109] Ohl: Ethos und Spiel. a.a.O. S. 41.
[110] Ohl: a.a.O.. S. 74.

Felix seinerseits liefert nach Maries Rückkehr ein Paradebeispiel seiner dekadenten Ästhetisierungsstrategie, als er ihr vermeintlich großmütig freistellt, ihn zu verlassen, bevor seine Krankheit in das Endstadium eintritt. Doch gerade hier erweist er sich erneut als Poseur:

> Ich erkläre dir hiermit, [...] daß du [...] mir und meiner Eitelkeit einen ganz besonderen Dienst erweisest, wenn du meinen Vorschlag annimmst. Denn das wenigstens will ich, daß du mit Schmerzen an mich zurückdenkst, daß du mir echte Tränen nachweinst. Aber was ich nicht will, daß du Tage und Nächte lang über mein Bett gebeugt dasitzt mit dem Gedanken: wäre es nur schon vorbei, nachdem es ja doch einmal vorbei sein muß, und daß du dich als eine Erlöste fühlst, wenn ich von dir scheide. (160)

Nicht der tröstliche Gedanke, daß seine Geliebte in den letzten Stunden bei ihm sein wird, beschäftigt Felix, sondern die Angst, im Todeskampf einen Blick hinter die Fassade gewähren zu müssen und echte, statt stilisierte Gefühle preiszugeben. Er hat nur zwei Möglichkeiten, deren erste er hier offenbart: Marie muß sofort von ihm gehen. Die zweite, die sich im weiteren Verlauf durchsetzt, ist, die Geliebte mit in den Tod zu nehmen.

Die Entfremdung zwischen beiden Figuren nimmt von nun an rapide zu, sie versuchen, dieses Gefühl durch angestrengtes Reden zu übertünchen, nach dem sie „ein nervöses Bedürfnis" (161) verspüren. Mit längeren Passagen in erlebter Rede zeigt Schnitzler nachfolgend den steigenden Selbstbeobachtungszwang, dem Felix sich ausgeliefert fühlt. Die ganze Ambivalenz seiner Denkweise offenbart sich in diesen Textpassagen. Zum einen zeigt er Momente erstaunlicher Klarsichtigkeit: „Sie gehörte zum Leben ringsherum, das er nun doch einmal lassen mußte, nicht zu ihm." (163), zum andern überkommt ihn immer wieder die panische Angst vor dem einsamen Sterben und der Neid auf das Weiterleben Maries:

> Und einmal, es war in der Nacht, bevor sie den See verlassen sollten, überkam ihn eine kaum bezwingbare Lust, sie aus diesem köstlichen Schlafe, der ihm eine hämische Untreue dünkte, aufzurütteln und ihr ins Ohr zu schreien: ‚Wenn du mich lieb hast, stirb mit mir, stirb jetzt.' (163)

In Maries Unentschlossenheit taucht wenig später ein ganz ähnliches Bild auf: „Wenn er die Frage an sie richten wird, so wird sie die Kraft haben, zu sagen: ‚Machen wir der Pein ein Ende! Sterben wir zusammen, und sterben wir gleich!'" (165) Sie steht zu diesem Zeitpunkt noch vor dem entscheidenden ethischen Konflikt: Darf sie ihrer Sehnsucht nach dem Leben nachgeben und sich ihrer Jugend und Frische erfreuen, oder ist sie moralisch dazu verpflichtet, dem sterbenden Geliebten nicht nur beizustehen, sondern ihm sogar in den Tod nachzufolgen?

Was nun folgt, sind die beiden Salzburg-Kapitel der Erzählung, die nicht zufällig in der Mitte der symmetrisch aufgebauten Novelle stehen.[111] In diesem Teil des Textes findet die Lebenssymbolik ihre höchste Verdichtung. Das rauschhaft-dionysische Treiben in der Stadt verfehlt seine Wirkung weder auf Felix noch auf Marie. Eingeleitet wird diese deutliche Wendung zum Leben im kurzen 9. Kapitel durch die Nachricht vom Tode des Arztes Bernard, demjenigen, der Felix die tödliche Diagnose gestellt hatte. Diese Nachricht läßt die beiden Liebenden spontan in eine absolute Augenblicksseligkeit verfallen, die jedes Morgen verneint:

> Marie warf das Zeitungsblatt hin und sagte: ‚Ja, was wissen wir Menschen von der Zukunft?'
> Er griff das Wort begierig auf. ‚Was wissen wir von morgen? Wir wissen nichts, nichts!' [...]
> Sie hatten das Gefühl, als wäre ihnen eine wohlverdiente Genugtuung geworden. (167)

Das Fest, welches in Salzburg stattfindet, übt besonders auf Marie eine besondere Anziehungskraft aus. Sie fühlt die Verbindung zur Lebenslust der anderen Menschen um sie herum, fühlt Leben im überindividuellen Sinne. Felix macht diese Erfahrung zunächst Angst, er versucht Marie aus der Einbindung in diese lebensfrohe Welt herauszunehmen:

> Anfangs wurden Felix und Marie mitgezogen, dann nahm er plötzlich ihren Arm, und durch eine engere Seitengasse abbiegend, waren sie bald in einen stilleren, auch weniger hell erleuchteten Teil der Stadt gelangt. (169)

Erzählt wird dieses Kapitel ganz aus Felix' Perspektive, damit wird noch einmal der Kontrast zwischen seiner Lebensschwäche und Maries Verbundenheit mit den Menschen der Stadt Salzburg in ihrer Lebenslust und -zugewandtheit deutlich. Die Erkenntnis, daß Marie sich von dem bunten Treiben in dieser Stadt so offensichtlich angezogen fühlt, läßt bei Felix erneut seine ganze anmaßende dekadent-perfide Herrschsucht hervorbrechen. Er spricht „fast gebieterisch" (169) mit ihr, ist von einer „nervösen Gereiztheit" (ebd.) und verfällt in den „Ton eines kalten Hohnes". (ebd.) Doch trotz Felix' Negierungsversuchen liegt das Leben die ganze Zeit über fühlbar in der Luft, denn diese ist permanent von den Klängen der Festmusik erfüllt und vermittelt somit

---

[111] vgl. zum formalen Aufbau des Textes: Ohl: Décadence und Barbarei. a.a.O.. Ohl weist überzeugend nach, daß Schnitzler bei der Gestaltung der Erzählung einen strengen Formwillen walten ließ, den Text symmetrisch um das zentrale Salzburg-Kapitel anordnete und mit deutlich erkennbaren Motiventsprechungen arbeitete.

ständig eine Ahnung von der Süße und den Verlockungen des Lebens. Schließlich kann auch Felix für kurze Zeit nicht anders, als sich diesem Gefühl hinzugeben und für sich die Intensität des Augenblicks zu beschwören:

> Der Wein war gut, schmeichelnd klang die Musik herüber, der Sommerabend war berauschend mild, und wie Felix zu Marie hinüberschaute, sah er aus ihren Augen einen Schein unendlicher Güte und Liebe strahlen. Und er wollte sich mit seinem ganzen Wesen in den gegenwärtigen Moment versenken. Er stellte eine letzte Aufforderung an seinen Willen, von allem befreit zu sein, was Vergangenheit und Zukunft war. (172)

Diese scheinbar mögliche Befreiung von der Zeit macht für ihn einen Moment lang sogar den sofortigen Selbstmord denkbar, denn der Fluß des Lebens ist in der Augenblicksseligkeit aufgehoben und entwertet damit gleichzeitig das Leben. Dies ist die dekadente Pervertierung des faustischen „Zum Augenblicke möcht' ich sagen,...". Lebendig oder tot spielt in diesem Moment keine Rolle mehr, da die Kategorien von Zeit und Raum scheinbar aufgehoben sind. Jede Verantwortlichkeit fällt damit von Felix ab, auch die für das Glück seiner Geliebten. Die im Salzburg-Abschnitt dominierende Innensicht von Felix demonstriert seine absolute Egomanie und auch seine Triebhaftigkeit, denn im eindeutig sexuell konnotierten Schluß des Kapitels bricht bei Felix der Wille zum Leben in seiner von Schopenhauer erkannten ursprünglichsten Form, dem Geschlechtstrieb, durch. Den Sprung von der ästhetischen zur ethischen Lebensform, der nach Kierkegaard Zeichen der wahren Erkenntnis bei Felix sein müßte, kann er einfach nicht vollziehen, weil er vollkommen in seiner ästhetizistisch-dekadenten Haltung befangen ist. Die wahre Liebe als Grund der Öffnung zu einem anderen Menschen hin und im Sinne von Schnitzlers Aphorismus als „Absolutes Gut" mit dem Begriff des Lebens eng verbunden, ist erneut nur auf Seiten Maries zu finden, die eine in die allgemein rauschhafte Stimmung kaum hineinpassende Bemerkung macht, als sie auf Felix' Feststellung, alles sei „so einerlei", antwortet: „Ja, alles, [...] außer daß ich dich lieb hab' in alle Ewigkeit." (172) Auf Felix macht die Ernsthaftigkeit dieses Ausspruchs einen Eindruck des Sonderbaren. Das tiefe Gefühl von Verantwortlichkeit und echtem Interesse am Leben eines anderen ist für seine Denkweise nicht nachvollziehbar. So geht er über diese Bemerkung hinweg und benutzt Marie, um sich einem rauschhaften Abschied vom Leben zu ergeben. Das kurze zweite Salzburg-Kapitel zeigt in höchster Verdichtung die ganze Grausamkeit, zu der Felix' Denken fähig ist. Er beläßt es nicht bei dem Versuch, Marie ein schlechtes Gewissen zu verschaffen, damit sie mit ihm stirbt, sondern schmiedet konkrete Mordpläne, um ihr auf keinen Fall das zu ermöglichen, was ihm fortan versagt bleiben wird: das Leben zu leben. Aus seiner Sicht gibt es dieses Recht auf Leben für Marie gar nicht, ihre Existenz ist völlig an die seine gekoppelt: „Er betrachtete Marie, und ihm war, als hielte er eine schlafende Sklavin in den Armen." (175)

Mit Perspektive auf lebensphilosophische Positionen ist noch ein weiterer Aspekt an diesem Mittelteil der Erzählung interessant. Der Aufenthalt in Salzburg stellt – gerade für Marie – ein Erlebnis dar, welches das einzelne Leben mit dem der anderen Menschen verbinden kann. Marie fühlt sich immer wieder zu den feiernden und fröhlichen Festteilnehmern hingezogen, die Wahl der Einsamkeit ist erneut nur ein Zugeständnis an Felix. Die „Bedeutung"[112], die aus diesem Erlebnis für Marie folgt, liegt darin, daß die konkrete Fühlbarkeit der Lebenslust und -fülle in dieser Stadt den Wert ihres eigenen Lebens für sie deutlich werden läßt.

Nach der Salzburg-Episode beginnt der zweite Teil der Erzählung, mit dem Felix' Verfall sich rapide beschleunigt. Äußerlich wird der Beginn des zweiten Teils mit der Rückkehr nach Wien symbolisiert. Hier hatte die Reise, die so viele Hoffnungsmomente in sich barg, begonnen. Allerdings, so bemerkt Hubert Ohl, „steht die Abreise noch im Zeichen sommerlicher Hoffnung, so die Rückkehr eindeutig im Zeichen herbstlicher Todesgewißheit."[113] Hier zeigt sich wieder einmal, daß bei Schnitzler kaum etwas von den scheinbaren Beiläufigkeiten auf der Textoberfläche wirklich zufällig ist. Die Analogsetzung von Jahreszeiten und Verlauf der Krankheit und des Verfalls ist nur ein Beispiel. Ein anderes ist das plötzlich veränderte Verhältnis von Erzählzeit und erzählter Zeit. Die Zeit am See zieht sich über Monate hin, die von immer wieder aufbrechender Hoffnung auf Heilung und längeren lebenszugewandten Phasen geprägt sind. Die Zeit in Wien im zweiten Teil dagegen hat vom Textumfang ungefähr das gleiche Maß, ist bezüglich der Erzählzeit also analog dazu konstruiert, umfaßt jedoch auf der Handlungsebene nur etwa vier Wochen. Hier manifestiert sich der von nun an immer schneller und unaufhaltsamer voranschreitende Verfall des Kranken, wobei jedoch die quälende Intensität dieses Verfalls durch die Länge des Textblocks noch erheblich gesteigert wird. Symbolisch für diese beginnende gesteigerte Qual steht der Satz: „Ein trostloser Herbstmorgen war mit einem Male da, der allen Zauber weghöhnte, den sie da

---

[112] sh. Kapitel über die Begriffe „Erlebnis" und „Bedeutung" in der Lebensphilosophie.
[113] Ohl: Décadence und Barbarei. a.a.O.. S. 563.

hereingeträumt hatten." (176) Auf der Fahrt zurück nach Wien zeigt sich in einem kurzen Traum, den Schnitzler ebenfalls schon in dieser frühen Erzählung effektvoll einsetzt, noch einmal Felix' Versuch, seinen grausamen Verfall im Ästhetischen aufzulösen und den üblichen Denkkategorien zu entfliehen: „Ja, Zeit und Raum, was wissen wir davon!... Das Rätsel der Welt, - wenn wir sterben, lösen wir es vielleicht..." (178) Felix' wahres Ich offenbart sich hier im Unbewußten des Traumes. Acht Jahre vor Erscheinen von Freuds *Traumdeutung* zeigt der psychologisch geschulte Arzt Schnitzler an dieser Stelle, wie der Traum die Basis des Denkens eines Menschen gnadenlos offenlegt. Die Auflösung von Zeit und Raum in völliger Augenblickgebundenheit zeigt sich als Konstituens des dekadenten Denkschemas bei Felix.

Eine weitere Entwicklung, die Maries zunehmende Umorientierung ganz deutlich zeigt, wird nunmehr erkennbar. Als Alfred die beiden vom Zug abholt, sucht sie den Blick Alfreds, der seinerseits den Blickkontakt zu vermeiden versucht. Es ist das erste offensichtliche Annäherungszeichen der beiden mitten im Leben stehenden Figuren.

Die am Anfang dieses Kapitels bereits erwähnte Schopenhauer-Nietzsche-Episode leitet Felix' notgedrungene langsame Abkehr von seinen Ästhetisierungsversuchen ein. Die blanke Furcht vor seinem immer näher rückenden Ableben bemächtigt sich mehr und mehr seines Denkens. In der nun folgenden Zeit entfernt sich Marie immer weiter von Felix und dem Gedanken, ihm in den Tod zu folgen. Symbolisch hierfür steht beispielsweise die Maßnahme, „ihren Stuhl vom Bette des Kranken wegzurücken, so oft es anging, und sich ans offene Fenster zu setzen." (187) Die Gedanken an ein Recht auf ein eigenes Leben werden immer drängender, die Frage nach dem Sinn der Qualen, die Felix' Todeskampf mit sich bringt, stellt sich immer deutlicher. Verstärkt werden diese Gedanken durch die Worte Alfreds, der unter dem Schutzmantel ärztlicher Besorgnis versucht, Marie zum – wenigstens partiellen – Ausbrechen aus diesem Gefängnis des Schmerzes, des Verfalls und der Qual zu bewegen. Auch der scheinbar neutrale Arzt erweist sich als Mensch wie jeder andere, Albert fühlt sich zu Marie hingezogen und kann nicht umhin, die Situation – halb bewußt, halb unbewußt – auszunutzen. Die Situation zwischen Felix und Marie wird dadurch noch erheblich verschärft, da seine Eifersucht – und damit auch seine Mordpläne – immer virulenter werden.

Das folgende Kapitel gestaltet einen weiteren Schritt Maries auf dem Weg in ein eigenverantwortliches Leben, es fällt ihr nicht mehr schwer, das Haus, in dem der

Kranke sich befindet, zu verlassen. Sie ist nun endlich fähig, ihre Lage rational zu überblicken:

> Also nun war sie da, war im Freien. Ja, wie war nun eigentlich alles? Es schien ihr nun der Moment gekommen, mit einem ungestörten Blick die Gegenwart zu überschauen. Für ihre Gedanken wollte sie deutliche Worte finden, die sie innerlich aussprechen konnte. Ich bin bei ihm, weil ich ihn liebe. Ich bringe kein Opfer, denn ich kann ja nicht anders. Und was soll nun werden? Wie lange wird es noch dauern? Es gibt keine Rettung. – Und was dann? – Was dann? Ich hab einmal mit ihm sterben wollen. – Warum sind wir uns jetzt so fremd? – Er denkt nur mehr an sich. M ö c h t e er denn auch noch mit mir sterben? Und da durchdrang sie die Gewißheit, daß er es wohl mochte. Aber es erschien ihr nicht das Bild eines zärtlichen Jünglings, der sie an seine Seite betten mochte für die Ewigkeit. Nein, ihr war, als reiße er sie zu sich nieder, eigensinnig, neidisch, weil sie nun einmal ihm gehörte. (192)

Dieses nur drei Seiten lange Kapitel ist eines der wichtigsten im Verlauf des Textes. An dieser Stelle wird Marie sich über den Wert ihres Lebens klar. Sie sieht, daß Felix' Ansinnen nichts mit Liebe, sondern höchstens mit Feigheit zu tun hat. Die Frage, „War es nicht ihr gutes Recht, ihrer Existenz überhaupt nur inne zu werden?" (193), zeigt, daß sie aus den Erlebnissen der jüngsten Vergangenheit deren „Bedeutung" erkannt hat. Sie möchte die Einheit mit all dem pulsierenden Leben um sie herum fühlen und nicht einen sinnlosen, romantisch verbrämten Tod sterben müssen. Spätestens von diesem Punkt an ist Marie eine der großen Frauenfiguren bei Schnitzler. Was sie von späteren Protagonistinnen unterscheidet, ist die Tatsache, daß der soziale Kontext des einfachen Mädchens, das vom Lebemann aus der Inneren Stadt verführt wird, in *Sterben* zugunsten der psychologischen Studie weitgehend ausgeblendet wird. Dennoch schwingt diese Konnotation manchmal mit, etwa an verschiedenen Stellen, an denen Marie von Felix als „süßes Mädel" bezeichnet wird.

Die letzten Seiten des Textes bringen noch einmal einen letzten verzweifelten Versuch des Aufbäumens von Felix. Das Gefühl des nahen Endes läßt in ihm den Wunsch nach einer erneuten Reise reifen, sein erbärmlicher Zustand manifestiert sich im Gefühl der Heimatlosigkeit und gleichzeitig in der Erkenntnis der einzig wahren Heimat:

> ‚Du glaubst nicht', sagte der Kranke, zu Alfred gewendet, ‚daß es noch eine Rettung für mich gibt? Du hast mich in der Heimat sterben lassen wollen? – Das ist eine falsche Humanität! Wenn man am Sterben ist, gibt's keine Heimat mehr. Das Leben-Können, das ist die Heimat. Und ich will nicht, ich will nicht so wehrlos sterben.' (200)

Doch hat der Arzt bereits erkannt, daß zu diesem Zeitpunkt das im ersten Teil noch so positiv auftretende Moment der Hoffnung auf Zukunft, und damit auf Leben, nun obsolet geworden ist:

> Für ihn [Albert] war jede Hoffnung dahin. Er merkte wohl, daß nun sowohl für Felix wie für Marie ein Zeitabschnitt begonnen hatte, wie er bei Menschen, welche die tiefsten Erregungen durchgemacht, zuweilen eintritt, ein Zeitabschnitt, in dem es keine Hoffnung und keine Furcht gibt, wo die Empfindung der Gegenwart selbst, dadurch, daß ihr der Ausblick auf die Zukunft und die Rückschau ins Vergangene fehlt, dumpf und unklar ist. (197f.)

Felix hingegen versucht mit dieser Reise, die für ihn die letzte seines Lebens sein wird, noch einmal die Einheit mit dem ihn umgebenden Leben intensiv fühlbar zu machen. Diese Versuche nehmen allerdings tragikomische Züge an, wenn er Berechnungen darüber anstellt, wieviele Menschen sich im Zuge befinden könnten und wieviele junge Ehepaare darunter seien. Dieses Interesse „für eine Menge äußerlicher Dinge, die ihm sonst ganz gleichgültig waren" (205), dient aber nur einem einzigen Zweck. Es konstituiert eine scheinbare Zugehörigkeit zum Leben, es ist der verzweifelte Versuch, die Einsamkeit des Sterbens zu übertünchen, es gleicht dem Pfeifen im Walde.

Doch ist an diesem Punkt jede Hoffnung längst dahin, und in der Gestaltung des letzten Textabschnitts wird der Dramatiker Schnitzler spürbar. Bereits während der Zugfahrt nach Meran kommt es zu einem ersten dramatischen Höhepunkt, als Felix – in jenem Moment völlig unerwartet – von Marie die Einlösung ihres Versprechens fordert. Erst im letzten Moment kann sie in einer Handlung mit symbolischem Aussagewert die Situation bereinigen. Indem sie den grünen Schleier von der Lampe wegschiebt, der eines der Hauptmerkmale dekadenter Stimmungsseligkeit ist, läßt sie das klare, helle Licht, Symbol des Lebens, in das Abteil.

Die Stunden in Meran sind für Felix nur noch ein Dahinvegetieren, von gelegentlichen helleren Momenten durchsetzt, die er nutzt, um seine Drohung gegenüber Marie zu wiederholen. Diese ist davon so verängstigt, daß sie beschließt, nicht zu schlafen, bis Alfred herbeigekommen ist, dem sie telegraphiert hat. Jegliches Mitleid mit dem Sterbenden ist nun aus Maries Gedanken gewichen. Diese sind nur noch vom Hoffen auf ein baldiges Ende erfüllt, und wenn sie denkt: „Wär' er doch erlöst!" (216), so ist klar, daß darin lediglich die Erwartung der eigenen Erlösung zum Ausdruck kommt. So hat sie, als die Vermieterin sie am Krankenbett ablöst, auch nur noch „einen flüchtigen, letzten Blick" (ebd.) für den ehemals so innig geliebten Mann übrig.

Nach dem letzten Aufbäumen des Sterbenden und dem gewaltsamen Versuch, Marie mit in den Tod zu zwingen, ist für diese endgültig der Moment der Flucht gekommen. Sie rennt aus dem Zimmer davon, dem eben eintreffenden Alfred, und damit symbolisch dem Leben, entgegen. Die letzten beiden Sätze der Erzählung verdeutlichen noch einmal das aufgesetzte Leben, das Felix gelebt hat. Selbst im Moment des Todes zeigt er den Anblick trügerischen Lebens:

> Die Lippen schienen zu zucken und auch die Augenlider. Aber wie Alfred aufmerksamer hinschaute, war es nur der trügerische Mondglanz, der über dem bleichen Gesichte spielte. (222)

Seine ganze Existenz war lediglich von dem trüben Glanze dessen bestimmt, was Leben wirklich bedeutet. Die grausame Realität eines quälenden und schmerzvollen Todes hat die konsequente Ästhetisierung seines Lebens endgültig ad absurdum geführt. Für Marie jedoch besteht nun die Chance, ein gesteigertes Leben zu führen, da sie sich ihrer selbst bewußt geworden ist. Daß dazu eine derartige Grenzerfahrung notwendig war, verweist auf die dargestellten Positionen der Lebensphilosophie. Die ständige Auseinandersetzung mit dem bevorstehenden Tode Felix' hat Marie in einen Zustand der Verzweiflung getrieben, der mit Kierkegaards Definition im ersten Abschnitt von *Die Krankheit zum Tode* beschrieben werden kann:

> Verzweiflung ist eine Krankheit im Geist, im Selbst, und kann somit ein Dreifaches sein: verzweifelt sich nicht bewußt sein ein Selbst zu haben (uneigentliche Verzweiflung); verzweifelt nicht man selbst sein wollen; verzweifelt man selbst sein wollen. (GW 24/25, 8)

Marie hat somit durch die Grenzerfahrung dieser Verzweiflung die Möglichkeit, zu ihrem Selbst zu gelangen, d.h. im Zusammenhang dieser Arbeit: ihr eigenes Leben zu verwirklichen.

Die Dimension des Lebensbegriffs in diesem frühen Text Schnitzlers ist kaum zu überschätzen. Er ist das Prinzip, welches der Dialektiker Schnitzler hier von zwei Seiten beleuchtet. Der dekadente Impressionismus, den Felix lebt, wird in einem Text aus den Anatol-Jahren bereits vollkommen verneint und im wörtlichen Sinne zum Tode verurteilt. Dagegen erweist sich in der Person Maries das Leben als „Absolutes Gut", das nur der Eigenverantwortlichkeit des Individuums untersteht. Es ist ja nicht nur der Wert des Lebens an sich, den Marie entdeckt, es ist natürlich auch ihr persönlicher Wert als emanzipierte Frau, die ihre Existenz nicht an die eines Mannes binden muß, sondern höchstens einem allgemeinen euphorischen Lebensbegriff unterordnen möchte. Sie gehört somit zu jenem für Schnitzler bezeichnenden Frauentypus, der versucht, „die eigene Wahrnehmung nicht mehr uneingeschränkt an den Mann zu delegieren, sondern selber zu sehen und selber zu wünschen."[114] Die Novelle beschreibt damit nicht nur den

---

[114] Möhrmann, Renate: Schnitzlers Frauen und Mädchen. Zwischen Sachlichkeit und Sentiment. In: Akten des internationalen Symposiums .... a.a.O.. S. 93-107. hier: S. 94.

Sterbeprozeß eines – männlichen – Individuums, sondern auch den Verfallsprozeß einer Liebe, aus dem als zartes Pflänzchen die eigenständige Existenz einer Frau entsteht. Diese Perspektive der Erzählung ist bisher trotz einiger Arbeiten zu den Frauenfiguren in der Schnitzler-Literatur kaum ausreichend gewürdigt worden. Überhaupt gilt für Schnitzler eine Erkenntnis, die in Leopold Andrians Dekadenz-Erzählung *Der Garten der Erkenntnis* für den Protagonisten Erwin aus den Versen Paul Bourgets erwächst:

> Und in diesen kraftlosen Versen Bourgets kamen zwei Worte immer wieder und gaben ihm immer wieder einen Schauer, in dem jetzt vereinigt das Versprechen aller Hoheit und aller Niedrigkeit lag, die er früher getrennt gesucht hatte. Das waren die Worte „die Frau" und „das Leben".[115]

Der enge Zusammenhang, der im Werk Schnitzlers zwischen den zahlreichen Frauenfiguren und dem Wert des Lebens besteht, erfährt auch in der Person der Beatrice, die im Mittelpunkt des nächsten Kapitels steht, eine spezifische Interpretation.

3.3 Der Schleier der Beatrice

Die Zeit um 1900 wird gerne als Übergangsphase vom frühen zum reifen Schnitzler gesehen. In diese Zeit fällt auch die Entstehung des fünfaktigen Dramas *Der Schleier der Beatrice*[116]. 1899 wird es fertiggestellt, allerdings erst am 1. Dezember 1900 in Breslau[117] uraufgeführt und erscheint schließlich 1901 bei im Berliner S.Fischer-Verlag in Buchform.[118] Zunächst scheint dieses Stück rein äußerlich ein wenig aus dem für Schnitzler üblichen Rahmen zu fallen. Obwohl es zeitlich in der italienischen Renaissance angesiedelt ist, war ursprünglich das Wien vom Beginn des 19. Jahrhunderts als Schauplatz für ein Kostümstück vorgesehen, selbst der Arbeitstitel (*Shawl*) scheint sich

---

[115] Andrian, Leopold: Der Garten der Erkenntnis. Zürich: Manesse 1990. S. 26.
[116] Auch in diesem Kapitel stehen bei Zitaten aus dem behandelten Text nur die Seitenangaben aus dem vierten Band des dramatischen Werks in Klammern.
[117] An diesem Stück ließe sich gut ein interessanter Teil der Wiener Theatergeschichte darstellen, es war von Schnitzler für das Burgtheater vorgesehen, doch verhinderte die indifferente Haltung des damaligen Direktors Paul Schlenther schließlich die Aufführung, nachdem er es eigentlich schon angenommen hatte. (vgl.: Wagner, Renate und Brigitte Vacha: Wiener Schnitzler-Aufführungen 1891-1970. München: Prestel 1971. S. 33ff..) Die Aufführungsgeschichte dieses Stückes ist somit paradigmatisch für viele Schnitzler-Stücke; gerade das Verhältnis zum Burgtheater war immer äußerst diffizil.
[118] Im selben Jahr kann Fischer von Schnitzler immerhin noch zwei weitere wichtige Werke veröffentlichen, zum einen die berühmte Monolognovelle *Leutnant Gustl*, zum anderen *Frau Berta Garlan*, wo sich eine weitere der großartig gestalteten Frauenfiguren findet. Dieses Jahr war somit für Schnitzler produktiv und ertragreich, was eventuell auch dazu beigetragen hat, sich eines für ihn genuin eher abseitigen Themas wie der Renaissance anzunehmen.

darauf zurückführen zu lassen.[119] Der früheste Ursprung des Stückes ist in der Konzeption der Pantomime *Der Schleier der Pierrette* zu sehen, von der im Tagebuch zum ersten Mal am 27.10.1892 die Rede ist[120]. Am 07.01.1898 findet sich der Eintrag: „Setzte die einstige Pantomime als Stück auf." (Tgb., 07.I.1898) Gemeint ist hier immer noch das in Wien spielende Drama mit dem Titel *Shawl*. Erst vier Monate später verlagert sich die zeitliche Situierung: „Der Shawl gestaltet sich zu einem Stück aus der Renaissance in 5 Akten." (Tgb., 07.V.1898) Die letztendliche Situierung des Stückes in der Renaissance führt Urbach auf die Lektüre von Ludwig Geigers *Renaissance und Humanismus in Italien und Deutschland* sowie von Jakob Burckhardts *Kultur der Renaissance in Italien* zurück[121], was sich auch durch Äußerungen Schnitzlers erhärten läßt. So schreibt er Hofmannsthal am 10.07.1898:

> Für das neue Stück ist mir viel und gutes eingefallen; doch werd ich es vor August kaum beginnen, da ich ein bißchen Burckhardt, Gregorovius, Geiger lesen will (dazu).[122]

Auch wenn die Schnitzler-Biographin Renate Wagner die Entstehung der *Beatrice* einfach nur auf „eine tiefe innere Affinität zu historischen Dramen"[123] zurückführt, ist zu berücksichtigen, daß Schnitzler sich mit dieser Entscheidung einer literarischen Strömung seiner Zeit anschloß. Renaissancestücke waren durchaus in Mode, man denke hier nur wieder an Hofmannsthals *Gestern*, *Ascanio und Gioconda* oder auch *Der Tod des Tizian*, darüber hinaus ließ Hermann Bahr seine *Neuen Studien zur Kritik der Moderne* 1897 sogar unter dem Obertitel *Renaissance* erscheinen. Fritsche spricht von einem „nach 1850 aufgekommenen Renaissance-Kult, bezeichnenderweise Renaissancismus genannt", der sich u.a. bei Conrad Ferdinand Meyer, Gabriele d'Annunzio, Stefan George und Heinrich Mann nachweisen ließe.[124] Nicht übersehen werden darf gerade hier die Bedeutung Friedrich Nietzsches, der im starken, dem Leben zugewandten Menschen der Renaissance ein Idealbild verwirklicht sah, von welchem sich die Moderne weit entfernt hat:

---

[119] vgl.: Urbach, Reinhard: Schnitzler-Kommentar zu den erzählenden Schriften und dramatischen Werken. München: Winkler 1974. S. 167. Demnach ist der Titel davon beeinflußt, daß „der indische Seidenschal [zu jener Zeit] das bevorzugte modische Attribut der Wienerin war".
[120] An dieser Stelle irrt offensichtlich Giuseppe Farese in seiner neuen Schnitzler-Biographie, wenn er behauptet, *Der Schleier der Pierrette* sei aus dem *Schleier der Beatrice* entstanden. (vgl.: Farese, Giuseppe: Arthur Schnitzler. Ein Leben in Wien. 1862-1931. München: C.H.Beck 1999. S. 141.)
[121] vgl.: Urbach: a.a.O. S. 167f..
[122] Hofmannsthal-Schnitzler: Briefwechsel. a.a.O. S. 105.
[123] Wagner, Renate: Arthur Schnitzler. Eine Biographie. Wien: Molden 1981. S. 109.
[124] Fritsche: a.a.O. S. 102.

> Die Zeiten sind zu messen nach ihren positiven Kräften – und dabei ergibt sich jene so verschwenderische und verhängnisreiche Zeit der Renaissance als die letzte große Zeit, und wir, wir Modernen mit unsrer ängstlichen Selbst-Fürsorge und Nächstenliebe, mit unsern Tugenden der Arbeit, der Anspruchslosigkeit, der Rechtlichkeit, der Wissenschaftlichkeit – sammelnd, ökonomisch, machinal – als eine schwache Zeit... (GAG, 158)

Nietzsches Renaissance-Bild ist stark von dem erwähnten Jacob Burckhardt geprägt, der zunächst Lehrer, später dann Kollege an der Basler Universität war. Cesare Borgia, der im *Schleier der Beatrice* als ständige Bedrohung und Triebfeder der Handlung im Hintergrund fungiert, ist bei Nietzsche das Urbild des Renaissancefürsten, der die verlogene christliche Moral vernichtet:

> Ich sehe eine Möglichkeit vor mir von einem vollkommen überirdischen Zauber und Farbenreiz: [...] Cesare Borgia als Papst ... Versteht man mich? ... Wohlan, das wäre der Sieg gewesen, nach dem ich heute allein verlange –: damit war das Christentum abgeschafft! [...] Luther sah die Verderbnis des Papsttums, während gerade das Gegenteil mit Händen zu greifen war: die alte Verderbnis, das peccatum originale, das Christentum saß nicht mehr auf dem Stuhl des Papstes! Sondern das Leben! Sondern der Triumph des Lebens! (GAG, 280f.)

Schließlich gestaltet auch Schnitzler das Renaissancethema in dieser Zeit ein weiteres Mal, nämlich in dem Einakter *Die Frau mit dem Dolche* aus dem Zyklus *Lebendige Stunden*. Hier dient ein Künstleratelier der Renaissance als Hintergrund für eine Art visionären Tagtraum der Protagonistin Pauline/Paola. Doch fungiert der Renaissancehintergrund hier als Folie für implizite Kritik an dieser Mode der Zeit und stellt damit gleichzeitig Schnitzlers Überwindung dieser Richtung dar. Daneben ist in diesem Renaissance-Kult ein weiteres Dekadenzmotiv zu sehen, das in enger Verbindung zum Lebenspathos steht.

Vom immensen Personal im *Schleier der Beatrice*, es gibt immerhin 53 Sprechrollen sowie diverse Statisten, sind es vor allem drei Figuren, die im Hinblick auf Dekadenzmotive sowie eine spezifische Interpretation des Lebensbegriffs interessant sind, zum einen der Herzog Lionardo Bentivoglio, dann – dekadenter Ästhet par excellence – Filippo Loschi und schließlich auch die Titelfigur des Stückes, Beatrice Nardi. Dementsprechend wird sich die Interpretation im Wesentlichen auf diese drei Charaktere konzentrieren.

Den – geschichtlich durchaus fundierten – Rahmen des Dramas bilden die Bedrohung Bolognas unter der Herrschaft des Hauses Bentivoglio durch die Truppen Cesare

Borgias[125] und das Wissen der Bologneser Bevölkerung, daß ihre Stadt bei einem Angriff unweigerlich dem Untergang geweiht sein wird. Diese Situation nehmen die Personen des Stückes, allen voran ihr Führer, der Herzog, zum Anlaß, die voraussichtlich letzten Stunden ins Ästhetische und Dionysische zu wenden und einen ebenso farbenfrohen Untergang zu zelebrieren, wie er für das Wien des Fin de siècle so häufig apostrophiert worden ist.

Gleich zu Beginn des ersten Aktes beschwört die Regieanweisung klassische Dekadenzmotivik. Ort des Geschehens ist der Garten des Dichters Filippo Loschi, der das Motiv des Getrenntseins von der äußeren Welt in traditioneller Weise gestaltet. Der Garten ist von einer hohen Mauer umschlossen. Vor dieser Mauer stehen noch Bäume, so daß sich der Eindruck einer doppelten Abgeschlossenheit einstellt. In doppelter Weise ist auch der Garten Symbol dekadenter Lebenshaltung. Einmal verweist seine künstliche Anlage auf die Ablehnung alles Natürlichen in der Dekadenz, zum andern schließt sein fest umgrenzter Raum die Außenwelt aus, er wird zum Mikrokosmos dekadenter Existenz, dies wird von Loschi auch so formuliert: „Umfriedet ist mein Garten, / Die Fenster sind verhängt, den Lärm und Unsinn, / Der durch die Straßen fegt, lass' ich nicht ein". (18)

In einer solchen Atmosphäre beginnt der erste Akt. Er ist – wie alle anderen Akte auch – von Schnitzler nicht explizit in einzelne Szenen unterteilt, eine solche Einteilung läßt sich lediglich anhand von Regieanweisungen in etwa erschließen. Jeder einzelne Akt verweist somit auch formal auf ein stetes Dahinfließen und damit auf das dionysische Element, das dem Gang der Handlung innewohnt.

Auch der Dialog zwischen Filippo Loschi und seinem Freund, dem Musiker Agostino Dossi, unterstützt den Eindruck des Dekadenz-Stückes. Zunächst einmal gehören beide Figuren dem B-Typus des Künstlers[126] an, sind also prinzipiell mit der dekadenten Sphäre konnotiert. Doch Loschi beweist seine Zugehörigkeit zu dieser Sphäre sogleich noch einmal in aller Deutlichkeit: Agostino muß zu seinem Erstaunen feststellen, daß Loschi sich nicht erinnern kann, den Text für das Lied geschrieben zu haben, welches er

---

[125] Das kleinere Herrscherhaus der Bentivoglio in Bologna war eines von zweien, das sich der Unterwerfung durch die Borgia widersetzte. Das zweite war das Haus Este (vgl. Goethes *Torquato Tasso*) in Ferrara, welches zur Verschwörung genötigt wurde, als sein Prinz Alfonso Lucrezia Borgia heiratete.
(Vgl.: Burckhardt, Jacob: Die Kultur der Renaissance in Italien. Ein Versuch. Stuttgart: Kröner 1966. S. 102ff..)

ihm am Beginn dieses Aktes vorgespielt hat: „Filippo! / Ist's möglich, daß du dein Gedicht nicht kennst?" (14) Loschi antwortet ihm mit an Hofmannsthals Andrea erinnernden Worten:

> Beim Himmel, nein! / 's ist wohl zu lange her. [...] Und so entfremdet meinem Heut dies Gestern, / Daß sie, 'genüber Aug' in Aug' gestellt, / Einander nicht erkennen, Brüdern gleich, / Die nachts auf dunkler Straße sich begegnen. / Nein, Agostino, nenn' es nicht mein Lied. / Was wir vergessen konnten, war nie unser; / Nur was wir halten, was wir jederzeit / Rückrufen können, wenn es noch so tief / In unserer Seele sich versteckte, noch so weit / In einem Winkel sich der Welt verbarg, / Gehört zu uns. Dies Lied ist nicht mehr mein! (14)

Die Vergangenheit ist für Loschi entwertet, das Gestern nicht mehr präsent. Das geht so weit, daß selbst die Worte, die Agostino soeben zu ihm gesprochen hat, kaum realisiert werden, die Antworten Loschis sind eigentlich keine, seine Redehaltung ist eher monologisch. Echte Kommunikation findet zwischen den beiden Freunden nicht statt, Agostino befindet sich zwar innerhalb der Mauern von Loschis Garten, geistig bleiben ihm die Türen jedoch nach wie vor verschlossen. So wird auch die Nachricht vom Anrücken Cesare Borgias von dem Dichter kaum in ihrer wahren Bedeutung für die Stadt Bologna wahrgenommen. Diese Dinge der Außenwelt sind für ihn ohne Bedeutung, sie berühren seinen Mikrokosmos nicht im geringsten. Er erscheint als jener allgemeine Typus des Literaten, wie Schnitzler ihn selbst beschrieben hat. Diese Menschen sind geprägt von

> *literatenhafte[r] Einstellung* zum Leben im Sinne steter Bereitschaft zur Selbstbeobachtung, Neigung zur Selbstbespiegelung bei Vernachlässigung der zu erfüllenden wesentlichen Forderungen, manchmal selbst zum eigenen Schaden. (Geist, 29)

An dieser Stelle wird auch deutlich, wem der positive Typus des Dichters zu dienen hat, nämlich einzig dem Leben, bei ihm „ist die *Linie des Lebens* und des *Schaffens* ein und dieselbe. (Geist, 28)

Agostino erkennt die Haltung seines Freundes sogleich als Konsequenz eines offensichtlichen Ich-Verlustes:

> Nein, dies ist nicht Filippo, der so sprach – / Sag', daß du einer bist, der sich mit List / In meines Freundes Gestalt verkleidet hat, / Und daß der selbst, gegebnem Worte treu, / In dieser Stunde dort ist, wo er soll. (16)

Damit ist das Wort Ernst Machs vom „unrettbaren Ich" gleich am Beginn des Dramas als grundlegende Existenzbedingung einer der Hauptfiguren definiert. Daran kann auch die Beteuerung Loschis, er sei der, „der [er] immer war" (17) nichts ändern. Die

---

[126] vgl.: Lukas: a.a.O.. S. 24f..

Atmosphäre der dekadenten Abgeschlossenheit von der Außenwelt wird dann noch einmal von Ercole Manussi bestätigt, einem Künstlerfreund Loschis und Dossis. Die indifferente Reaktion Loschis auf die Nachricht, daß Bolognas Herzog Bentivoglio zusammen mit Loschis Freund Andrea unbeschadet vom Hofe der Borgia zurückgekehrt ist, läßt Manussi an der Zurechnungsfähigkeit seines Freundes zweifeln:

> *befremdet* Wo bin ich hier? Bald scheint mir selbst, was draußen / Sich zuträgt, nicht mehr wahr! In diesen Zweigen / Ruht laue Luft, die nichts vom glühnden Ernst / Des Tages weiß. Was ist's mit dir, Filippo? (19)

Alle drei Freunde sind Künstlerfiguren, doch ist auffällig, daß ihre Haltung zum Leben sich nach der Art ihrer Kunst unterschiedlich verhält. Es ist kein Zufall, daß Manussi von den Dreien dem äußeren Leben am stärksten zugewandt ist. In Schopenhauers Hierarchie der Künste (vgl.: WW, 1/I, 272ff.) ist der Bildhauer im Vergleich zu Dichtung und Musik auf der untersten Ebene angesiedelt, da seine Kunst die konkreteste und – im wahrsten Sinne des Wortes – faßbarste ist. Sie steht somit in unmittelbarem Verhältnis zum Leben, der Kontakt mit ihm ist am engsten. Dichtung und Musik befinden auf einer viel abstrakteren Ebene. Dichtung hat zur Aufgabe,

> die Ideen, die Stufen der Objektivation des Willens, zu offenbaren und sie mit der Deutlichkeit und Lebendigkeit, in welcher das dichterische Gemüth sie auffaßte, dem Hörer mitzuteilen. (WW, 1/I, 306)

Darüber hinaus manifestiert sich in der Musik nach Schopenhauer gar der Wille selbst:

> Die Musik ist also keineswegs, gleich den andern Künsten, das Abbild der Ideen, sondern Abbild des Willens selbst, dessen Objektität auch die Ideen sind: deshalb eben ist die Wirkung der Musik so sehr viel mächtiger und eindringlicher, als die der andern Künste: denn diese reden nur vom Schatten, sie aber vom Wesen. (WW, 1/I, 324)

Manussi wirkt daher von den dreien als der rationalste. Er ist es auch, der Loschi sofort den wahren Grund seiner Abkehr von seiner Braut Teresina vorhält. Während der Dichter versucht, den Betrug an seiner Braut poetisch zu verklären, spricht der Bildhauer deutlich aus, daß Langeweile an der alten Beziehung und neu erwachte Eroberungslust die wahren Gründe sind:

> Ist es das? / Nun, - hab' ich's recht gefaßt, mit kleinern Worten / War's abzutun. Sag' doch in Kürze so: / Mir hat die lange Brautschaft nicht behagt, / Und meine durst'ge Jugend suchte Trost / Bei einer, die gefällig war und hübsch. (20)

Doch Loschi beharrt auf seiner Entscheidung, so daß er sogar den Gesandten des Herzogs wegschickt, als dieser ihm eine Einladung an den Hof überbringt. Die Geschehnisse der Außenwelt bedeuten für den Dichter überhaupt nichts mehr, er ist ihr vollkommen entrückt, so daß Agostino sagen kann: „Ich flieh' ohn' jeden Abschied deine Nähe, / Als eines, dem nichts mehr mit uns gemein." (27)

Loschi selbst hat seine Verbindung zur Tochter des alten Wappenschneiders Nardi, Beatrice, längst ästhetisch überhöht, um sie vollkommen genießen zu können. All sein Sehnen fokussiert sich auf dieses weibliche Wesen:

> Auf leichten Flügeln rauscht mein Leben hin; / Sie aber hängen schwere Worte dran, / In ihre Tiefen es zu ziehn. Was ist mir / Dies alles? Wo ich bin, gilt nicht, was unten / Schicksal und Weg bestimmt. [...] Und hätt' ich Macht, / Mit einem einz'gen Hauch sie [Bologna] zu befrein, / Doch Beatrice wär' mir drum verloren, / Gäb' ich Bologna hin; - und loht in Flammen / Die Heimat hinter mir, wär's mir nichts weiter / Als meines Glückes würd'ger Opferbrand. (29)

Zu diesem Zeitpunkt betritt die Titelfigur des Dramas zum ersten Mal die Bühne. Die Konnotation des dekadenten Topos der „femme fragile" liegt angesichts ihrer Erscheinung nahe. Für sie bedeutet die Liebe zu Loschi ein Aufwachen, denn erst in diesem Liebesrausch wird das wahre Leben fühlbar:

> Ich lieb' dich so, / Daß alles anders ist, seit ich dich kenne. / Wie soll ich dies nur sagen? Sieh, mir ist, / Als waren lauter Puppen sonst um mich / Die Menschen alle: – und seitdem – nun ja, / Seit jenem Fest – drei Tag' erst, denk' Filippo, / Daß ich zum erstenmal dich sah – drei Tage, / Der Tanz vorm Tor, das Spiel, das Armbrustschießen, / Der Wettlauf von den zahmen Leoparden, / Das ist drei Tag' erst! – Nein, wie alles anders / Und bunt ward – und die Puppen Menschen! (30)

Loschi dagegen benutzt Beatrice, um an ihrer jugendlichen Lebensfülle teilzuhaben. Trotz der massiven Bedrohung seiner Stadt handelt er vollkommen asozial und schmiedet Fluchtpläne für sich und die Geliebte. Die scheinbare Lebenszugewandtheit Loschis ist in Wirklichkeit Flucht vor der Realität des drohenden Kampfes und der Versuch, an der unschuldigen jugendlichen Lebensfülle Beatrices teilzuhaben. Dabei beweist er unbewußt, wie wenig der dekadente Ästhet die Möglichkeit besitzt aus der Zeit zu fliehen und nur den Augenblick zu leben, wenn er auf Beatrices Frage, ob sie sofort fliehen müßten, antwortet: „Ja. / Weil schon das Morgen uns vernichten kann." (31) Der drohende Untergang steht ihm klar vor Augen, reizt aber keineswegs zu ästhetischer Verklärung, sondern löst ganz basale Fluchtmechanismen aus.

Die einzige Figur, die wirklich außerhalb der Kategorien von Zeit und Raum steht, ist der Vater Beatrices, der alte Wappenschneider Nardi. Mit dem Ehebruch seiner Frau ist seit sieben Jahren für ihn die Zeit stehengeblieben, doch Beatrice setzt dem Mitleid, das Loschi für ihren Vater empfindet, ihre eigene Sicht der Dinge entgegen:

> Für ihn steht alles still seit sieben Jahren, / Und alles, was wir tun, ist Spiel von Kindern. [...] Die Leute sagen: Tollheit sei's. / Ich aber weiß ganz gut, 's ist was geschehn / Vor sieben

> Jahren, das ergriff ihn so, / Daß ihm die Zeit erstarrt ist. [...] So wird er alt / Und fühlt es nicht, und meine Mutter blieb / So schön und jung für ihn als je, und alles, / Was sie ihm Schlimmes zugefügt, vergaß er. (33)

Der Zustand des Vaters erscheint als Idealzustand, Nardi ist sowohl vom Fluch der Vergangenheit als auch von den Unwägbarkeiten der Zukunft befreit, der Zustand des Glücks und der Harmonie, der ihn vor dem Ehebruch erfüllte, wird ihm bis zum Tode der gegenwärtige bleiben.

Wenig später folgt eine der zentralen Szenen des Stückes, der Traum der Beatrice. Er spielt eine ähnliche Rolle wie Jahre später in der *Traumnovelle*. Beatrice erzählt Loschi von einem Traum, in dem sie die Geliebte des Herzogs war. Für Loschi ist dieser Traum der schlimmste Vertrauensbruch, den sie begehen konnte:

> Ich wollt', es wäre Wahrheit, Beatrice! / So könnt' ich eher ohne Schmerz und Ekel / Dich sehn; das Leben selbst tut alles ab. / Doch Träume sind Begierden ohne Mut, / Sind freche Wünsche, die das Licht des Tags / Zurückjagt in die Winkel unsrer Seele, / Daraus sie erst bei Nacht zu kriechen wagen. (37)

Für Loschi sind die Begriffe von Denken und Handeln vollkommen verwirrt. Die nur gedachte, geträumte Tat der Beatrice trifft ihn, den Menschen, der der geistigen Ebene alle Macht zubilligt, härter, als der tatsächliche Betrug. Daher ist er auch nicht in der Lage, den vermeintlichen Betrug mit wahrhaftiger Tat zu sühnen:

> Es gäb' ein Mittel, kühn und ohnegleichen, / Sie zu gewinnen! Den, der sie mir nahm / Im Traum, in Wahrheit töten! Doch der Einfall, / Statt mich zum Schloß des Herzogs hinzujagen, / Bannt mich hier fest, und der Entschließung Kraft / Stirbt auf dem steilen Weg zur Tat dahin. (40)

Loschi ist als typischer Décadent kein Mensch der Tat, denn diese wäre der ästhetischen Ebene enthoben und würde den Kontakt zum Leben herstellen. Loschis Haltung entspricht somit der Lebensferne der Dekadenz, die aus den Anforderungen und den Unbequemlichkeiten des Lebens höchstens noch Kunst schaffen kann:

> Und quillt aus dieser Torheit / Einmal ein Lied, so ist's der höchste Preis, / Den mir das Leben hinwirft für die Schmach, / Daß ich zu schwach bin, es mit Stolz zu leben. (40)

Beatrice versucht mit einer verzweifelten letzten Geste, ihre Verbundenheit mit Loschi zu demonstrieren, indem sie ihm schwört, mit ihm zusammen sterben zu wollen. Er weist dieses Ansinnen in diesem Moment von sich, wird jedoch am Schluß des dritten Aktes darauf zurückkommen. Ausgerechnet der Ästhet, der so gern dem Leben flieht, wirft nun Beatrice vor, sie spiele mit Leben und Tod. Er ist unfähig, zu erkennen, daß ihr das wahre Leben alles und der Traum nichts bedeutet. Für Beatrice ist nur ihre Liebe zu Loschi im wahren Leben wirklich existent, die im Traum erlebte Verbindung zum Herzog hat für sie keine reale Bedeutung.

Am Ende des ersten Aktes läßt Loschi sich noch einmal vollkommen von der Sehnsucht nach einem dionysischen Rauscherlebnis hinreißen, indem er den Verlockungen der beiden Florentiner Kurtisanen Isabella und Lucrezia erliegt. Auch diese Stunden liegen für ihn jedoch außerhalb eines wirklichen Erlebens. Er empfindet sie einem halbbewußten Zustand zugehörig und macht den bevorstehenden Untergang verantwortlich für die ästhetischen Reize, die von den beiden Mädchen ausgehen:

> Vielleicht auch, daß das Leben vor dem Ende / Mir bunte Abenteuer sendet, wie die Bilder, / Die durch die Sinne jagen, eh' man einschläft;- / Wach sein ist's nicht mehr, und noch nicht der Schlaf! (46)

An dieser Stelle ist eine wichtige Einsicht Schnitzlers verarbeitet, die ihn wesentlich etwa von Freuds Zweiteilung der menschlichen Psyche in Bewußtsein und Unterbewußtsein unterscheidet: die Annahme eines sogenannten Mittelbewußtseins, in dem die meisten psychischen Vorgänge sich abspielen. In einem Brief vom 31.12.1913 an den Freud-Schüler Theodor Reik, der 1913 ein Buch mit dem Titel *Arthur Schnitzler als Psycholog* veröffentlichte, spielt Schnitzler selbst darauf an:

> Nach dem Dunkel der Seele gehen mehr Wege, ich fühle es immer stärker, als die Psychoanalytiker sich träumen (und traumdeuten) lassen. Und gar oft führt ein Pfad noch mitten durch die erhellte Innenwelt, wo sie – und Sie – allzufrüh ins Schattenreich abbiegen zu müssen glauben. (Briefe II, S. 36)

Loschi glaubt sich genau in diesem Schwebezustand, er ist dem Leben entfremdet, jedoch dem Tod noch nicht zugehörig. Auf diese Weise kann er für sich das Leben fühlbar machen: „Nicht mit schwerem Sinn bedacht, / Nein, ganz gelebt sei endlich diese Nacht!" (46) Leben bedeutet an dieser Stelle Rausch der Sinne sowie Überhöhung und Verfeinerung des Genusses in totaler Verantwortungslosigkeit und grenzenlosem Egoismus.

Der Beginn des zweiten Aktes dient zunächst dazu, die Steigerung des Untergangsrausches vorzubereiten. Boten berichten vom Anrücken des Heeres unter Führung von Cesare Borgia, gleichsam kursieren Gerüchte, der Herzog wolle das schönste Mädchen der Stadt in eben dieser Nacht zu sich rufen lassen. Diese Nachricht treibt die Schwester Beatrices, Rosina Nardi, an den Rand des Wahns, denn sie ist seit langem dem Herzog verfallen. Darüber hinaus wird die Stimmung in der Stadt nach und nach aufgeregter und unruhiger, Kaufleute wie Capponi versuchen, mit ihren Waren zu wuchern, um ökonomischen Gewinn aus der Extremsituation zu schlagen, andere, wie Basini, scheinen von vornherein zu kapitulieren. Formal verdeutlicht Schnitzler die wachsende Unruhe und das beginnende Chaos durch zeitweilige Auflösung der strengen Verssprache in lose Prosarede, die zudem vorwiegend an Personen niederen Standes gebunden ist.[127] Erst als Graf Andrea Fantuzzi auftritt, wird wieder gebundene Sprache verwendet. Er beklagt die Sprachlosigkeit seiner Schwester Teresina, der offiziellen Braut Filippo Loschis und versucht verzweifelt, den Grund für ihr beharrliches Schweigen und ihre offensichtliche geistige Abwesenheit herauszufinden. Der Tod ihrer Mutter und die fehlende Anwesenheit des Bräutigams haben sie dem Leben um sie herum entfremdet, und der Versuch Andreas, diesen Zustand durch den Kontakt zum pulsierenden Leben der Stadt zu ändern, muß fehlschlagen:

> Nun führ' ich in bewegte Straßen dich, / Daß diese fürchterliche Schweigsamkeit / Im Rauschen der lebend'gen Stadt sich löse; [...] Und nur ins Leere starrst du und du schweigst. (57)

Der Tod der Mutter stellt für Teresina ein Erlebnis im Sinne Diltheys dar[128], welches dem Leben „Bedeutung" verleiht, die durch ihre apathische Haltung auch anderen Menschen deutlich wird. Für sie ist in diesem Moment durch diese Erfahrung nicht nur der Lebensfluß an einer Stelle fühlbar gemacht, sondern das Erlebnis unterbricht ihn geradezu und hebt Teresina ähnlich aus dem Zeitkontinuum (und damit aus dem Leben) wie es beim alten Nardi geschah.

Auch die Folgeszene macht durch die Verwendung beider Redeweisen eine unterschiedliche Stellung der Figuren aus.[129] Der Einzige, der in Versen spricht, ist Francesco, der Bruder Beatrices. Bei ihm zeigt sich hohe Gesinnung, die den Wert des Leben auf ethischen Grundsätzen beruhen läßt. Ihm gilt aus seiner Familie einzig Beatrice als rein. Seine Mutter, von deren Ehebruch mit dem alten Chiaveluzzi er weiß, verachtet er ebenso wie seine Schwester Rosina, die er in ihrer Bereitschaft, sich ganz dem Herzog zu verschreiben, ebenfalls verloren sieht. Um Beatrice so rein zu erhalten, möchte Francesco sie mit dem braven und biederen Arbeiter Vittorino Monaldi verheiraten und

---

[127] Längere Passagen in Prosa finden sich vor allem in diesem zweiten Akt sowie im vierten, diese Anordnung verweist auf Elemente der Symmetrie, wie sie auch in *Sterben* bereits aufgefallen waren.
[128] vgl. Kapitel 2.2.2 dieser Arbeit.
[129] Lukas nennt in seiner Untersuchung den Wechsel der Redeweise „ein höchst komplexes System von Distributionsregeln bezüglich Vers und Prosa" und weist darauf hin, daß die extremen B-Figuren seiner Kategorisierung (zu Lukas' System vgl. die Einleitung dieser Arbeit) nur in Versen, die sogenannten AA-Figuren wie Vittorino Monaldi nur Prosa sprechen, Redeweise und Figurenkonnotation somit in genauer Analogie zueinander stehen. (vgl.: Lukas: a.a.O. S. 111.)

so schnell wie möglich aus der bedrohten Stadt schaffen. Monaldi selbst ist intellektuell nicht in der Lage, die Situation völlig zu durchblicken, doch ist seine bedingungslose Liebe zu Beatrice durch eine mehr gefühlte als begründete Angst getrübt. Für ihn zählt nur ein künftiges Leben mit Beatrice, „ein Leben voll Arbeit und voller Freude" (66), alles, was dieses Leben bedrohen könnte, möchte er von sich weisen. Zweimal unterbricht er Francescos Versuche, von Beatrice ihren Aufenthaltsort der letzten Abende zu erfahren, mit einem in der Regieanweisung als „angstvoll" bezeichnetem Ton: „Frage sie nicht, frage sie nicht! [...] Frage sie nicht, Francesco!" (66f.). Unbewußt zeigt auch der biedere Handwerker Vittorino die typisch dekadente Angst, daß die Vergangenheit das Hier und Jetzt zerstören könne. Beatrice selbst unterstützt dieses Ansinnen, um den Schmerz der Trennung von Filippo Loschi zu verdrängen:

> Nein, Vittorino, niemals wollen wir / Um Träum' einander fragen. Wach sein nur / Ist Leben, und gemeinsam ist das Licht. (67)

Auch die bereits erwähnte Gefahr der Träume schwingt hier erneut mit. Nachdem sie diese gerade eben erst erfahren mußte, möchte Beatrice die unkontrollierbaren Lebenswahrheiten der Träume nun aus ihrem Leben verbannen und nur noch das beeinflußbare Handeln des Wachseins gelten lassen.

Dieser Vorsatz wird jedoch schon wenige Momente später gegenstandslos, als sich die Wege des Herzogs und Beatrices kreuzen. Sie ist unfähig, sich Francesco und Vittorino anzuschließen, obwohl sogar der Herzog zunächst auf Grund der Tatsachen freiwillig auf sie verzichten will. Doch Beatrice ist so gefangen, daß sie ihm wie besinnungslos folgen und ihren Traum Wahrheit werden lassen will. Sie stellt sich einmal mehr außerhalb jeder Konvention und folgt nur ihren ureigensten Gefühlen. Die Erfüllung ihres Traumes erscheint ihr in diesem Moment als höchstes Glück ihres Lebens. Sie repräsentiert hier eine Figur zwischen „femme fatale" und „femme fragile". Mit ihrer Kindlichkeit und scheinbaren Unberührbarkeit strahlt sie auf alle Männer eine starke sexuelle Anziehungskraft aus, ohne, daß sie etwas dafür tun müßte. Die Szene im zweiten Akt schaukelt sich immer weiter hoch, obwohl Beatrice einfach nur regungslos dasteht. Ihre Wirkung ist ein Paradox: gleichzeitig unberührbar und sehr verletzlich. Ihr innerstes Gefühl, das während des ganzen Stückes nur Filippo Loschi gehört, vermögen weder der Herzog noch Vittorino Monaldi zu gewinnen. Das zeigt auch ihre Reaktion auf den Selbstmord Vittorinos. Als Francesco sie eine Unglückliche nennt, antwortet sie: „Das bin ich nicht, Francesco, nein, und sagt' ich's, / So wär' es Lüge!" (84) Ihre

87

plötzliche Hinwendung zum Herzog ist nur der verzweifelte Versuch, gesteigertes Leben zu erfahren. Der Herzog indes ist so sehr Herr im Umgang mit dem Leben[130], daß er sich Beatrices Willigkeit sofort zunutze macht. Für ihn gibt es keine Unregelmäßigkeiten, keine Stimmungen, die den Lebensfluß bedrohen. Als echter Herrscher sieht er einzig die sich bietende Gelegenheit des Lustgewinns und ist sofort bereit, sie zu nutzen.

Der dritte und zentrale Akt des Stückes ist wesentlich seinen beiden Hauptfiguren gewidmet, Filippo Loschi und Beatrice. Die Szene setzt am Ende des Gelages ein, welches Loschi in seiner Verzweiflung über die Trennung von Beatrice mit den Kurtisanen Isabella und Lucrezia veranstaltet hatte. Diese entsprechen voll und ganz dem dekadenten Typus der „femme fatale", sie leben ihr Leben um des Augenblickes Lust willen. Der nahe Tod dient höchstens noch als zusätzlicher Lustreiz: „Zu Männern, die man morgen früh zum Tod führt, / Bringt mich, daß keine Scham die Lust verkürze!" (88) Gleich zu Beginn des Aktes wird deutlich, daß dieser dekadente Sinnesrausch für Loschi keine Erfüllung gebracht hat:

> War nicht, wie Satan in den Zauberring, / In diese eine Stunde alle Lust / Der Welt geschlossen? Heiße Trunkenheit, / Musik, Umschlungensein von weichen Armen - / Was blieb zurück? Nichts als befreites Atmen, / Daß es vorbei, und Sehnsucht nach Alleinsein! / So wär' auch dies ohne Sinn versucht, / Und nichts mehr weiß ich, was mich hält, zu gehn! (86)

Der Versuch, der Sehnsucht nach Beatrice zu entfliehen, ist fehlgeschlagen, und Loschi erkennt, daß ihm letztendlich nur die Möglichkeit des Todes bleibt, da weder seine Kunst noch die dekadenten Ausschweifungen ihn wirklich mit dem Leben verbinden können. Doch auch die Affinität der Dekadenz zur Gewalt zeigt sich hier, wenn Loschi sich eingesteht, nicht sterben zu wollen, ohne seine Geliebte mitzunehmen:

> Wenn's Wahrheit würde, und sie käme wieder, / Und dürft's doch nur, um hier mit mir zu sterben! / Dies wäre, und nur dies allein Besitz! / Ist dies nur meiner Feigheit neustes Kleid? / Herab mit ihm! Nun steht sie nackt und höhnt: / Du kannst allein nicht fort, noch jetzt verlangt's / Nach Beatrice dich; und wie ein Kind / Sich eine Puppe mitnimmt in sein Bett, / So willst du sie ins Nichts hinübernehmen, / Die dich nicht faßt, sich nicht und nicht das Nichts! (87)

In diesem Zitat sind einige zentrale Dinge angesprochen. Das Motiv des Spiels, welches im Bild der Puppe zum Ausdruck kommt, verweist einerseits auf die dekadente

---

[130] Nach Burckhardt (vgl. S. 27) gehörte das Herrschergeschlecht der Bentivoglios zu den gemäßigten kleinen Fürsten, die sich eher durch „unblutige Regierung und Eifer für die Kultur" auszeichneten. Schnitzlers Gestaltung des Herzogs als ruhigem, selbstbewußtem aber nicht im klassischen Sinne tyrannischem Herrscher scheint davon beeinflußt.

Verantwortungslosigkeit Loschis. Gleichzeitig erscheint in diesem Symbol aber auch die grazile Zerbrechlichkeit der ihrer selbst völlig unbewußten Beatrice. Sie ist eben ein Wesen, welches gar nichts zu fassen imstande ist, sie schwebt in einer Art mittelbewußten Zustand durch das gesamte Stück. So hat sie bei den Interpreten schon früh den Eindruck der Rätselhaftigkeit hervorgerufen: „Die Frau aus dem italienischen Cinquecento gibt sich hemmungslos, naiv, unbeschwert; sie ist unkompliziert, und dennoch rätselhaft."[131] Immer wirkt sie als außerhalb jeglicher Logik des Lebens stehend:

> In Beatrice versucht Schnitzler das Weib in seiner unbewußten Sehnsucht nach Liebe zu gestalten, das Weib, welches ohne Rücksicht auf Gesetz oder Sitte einzig dem Gefühl, den Sinnen folgt. Unbekümmert schreitet es über seine Opfer hinweg, unberührt von der Not des Lebens. Beatrice ist nicht mehr ein bestimmtes Einzelwesen, sie wird zum Symbol.[132]

Was Kapp hier treffend anspricht, ist die Unkonkretheit der Figur. Die ganze Handlung ist auf sie bezogen, während ihr eigenes Wesen bis zur Unkenntlichkeit zurücktritt.

Bevor mit der Rückkehr Beatrices der Höhepunkt des Stückes folgt, bereitet der Bericht Ercole Manussis über die Hochzeit des Herzogs mit Beatrice den weiteren Gang der Handlung vor und läßt in Loschi zum ersten Mal eine Ahnung von ihrem wahren Wesen aufflammen:

> Sie feiert Hochzeit mit dem Herzog und / Ich warte, daß sie wiederkommt! [...] Sie, jenen Sternen gleich, die einen Himmel / In einem Augenblick durchmessen, jagt / Durch eine ganze Welt, seit Abend wurde - / Und ich warte! (96)

An dieser Stelle beginnt Loschi zu begreifen, daß kein Mann Beatrices im Leben wirklich habhaft werden kann, nicht er, dessen Kunst dem Leben immer fremd bleiben wird, nicht Vittorino, dessen biedere Existenz vom wahren Leben nichts wußte und auch nicht der Herzog, dessen Macht über das Leben auf Reichtum und Äußerlichkeiten gegründet ist.

Zunächst jedoch gibt er sich im Gespräch mit Andrea Fantuzzi, der gekommen ist, um Genugtuung für den Betrug an seiner Schwester Teresina zu fordern, noch einmal als Vertreter einer durch und durch dekadenten Lebenseinstellung zu erkennen. Sein Verlangen nach Teresina war auf reine Sinneslust gegründet und in dem Moment vorüber, wo ein anderer Reiz sich seiner bemächtigte:

> Mit heißen Lippen drängt ich an ihr [Teresinas] Ohr, / Und Worte, jedes so verrucht und wild, / Wie man sie Mädchen zuraunt in der Schenke, / Entströmten diesem Mund. Und als sie

---
[131] Boner, Georgette: Arthur Schnitzlers Frauengestalten. Diss. Masch. Zürich 1930. S. 23.
[132] Kapp, Julius: Arthur Schnitzler. Leipzig: Xenien 1912. S. 123.

endlich / Mit einem Blicke nur mich gehn hieß und / Ich ging, war's nicht die Reue, die mich forttrieb, / Nur Zorn versagter Lust. (97)

Erst die Liebe zu einer gleichsam übersinnlichen Figur wie Beatrice läßt Loschis Lebenslüge vollkommen einstürzen, ihre Unerreichbarkeit stürzt ihn zum ersten Mal in seinem Leben in echte Verzweiflung. Dies bemerkt auch Andrea: „Einen andern find' ich hier, / Als den mein Zorn gesucht." (98) Loschi erkennt, daß er als dekadenter Künstler im Kampf um das echte Leben gescheitert ist. Der wahre Wert des Lebens scheint ihm nicht länger in der Empfindung des Augenblicks zu liegen, sondern in der Einheit mit dem Fluß des Lebens, wie andere ihn erfahren:

> Was war ich denn? Von Augenblickes Gnaden / War über andern ich ein Mensch. Doch jetzt / Tauch' ich so tief hinab, daß ich zu Knechten, / Zu Bauern auf dem Feld, mühsel'gen Trägern / Aufwärts wie zu Gebenedeiten schau'! / Jetzt neid' ich, deren Tage, aufgereiht / An eines Vorsatz' starr gewebtes Band / Gleich Edelsteinen, sich zum Dasein fügen, / Nicht schlottern, falsch' und echte durchgeschüttelt / Auf lockrer Schnur. So einer möcht' ich sein, / Der festen Schritts und lächelnd vorwärts wandelt, / Derselbe aufsteht und zur Ruh' sich legt, / Nicht heute Gott und morgen Affe ist! / Den, der heut seine Hochzeit feiert, neid' ich, / Den Bentivoglio, der an jedem Tag / Sein Leben trinkt aus tausend klaren Quellen, / Und jede weckt den Durst und jede löscht ihn. (99)

Leben bedeutet hier, zu jedem Zeitpunkt aus der Fülle desselben schöpfen zu können, nie auf die Stimmung des Augenblicks angewiesen zu sein, wie es dem Décadent auferlegt ist.

Andrea läßt nach diesem Bekenntnismonolog Loschis von seinen Racheplänen ab, dieser soll, nachdem er Teresina seine Reue gezeigt hat, mit ihm in den Kampf ziehen und so seine Schuld sühnen. Doch just in dem Moment betritt die gleich nach der Hochzeit aus dem Palast geflohene Beatrice die Szene und für Loschi wird mit einem Schlag alles gleichgültig: „In diesem Augenblick / Geschieht so Ungeheures – / Daß alles andre nichts wird." (101)

Beatrices Erscheinung ist bei diesem Auftritt fast engelsgleich. Sie trägt ein weißes Kleid, dazu das wertvollste Hochzeitsgeschenk des Herzogs, den weißen Schleier. Ihr Auftreten verweist auf die kindliche Reinheit ihrer Seele, die von all dem, was sie unter den sie begehrenden Männern anrichtet, nichts ahnt. Für sie, die wie im Traum durch ihr Leben geht, ist alles unbefleckt. So glaubt sie auch, jetzt für den einzigen wirklichen Geliebten bereit zu sein. Doch für Loschi ist die Unbeflecktheit Beatrices längst Vergangenheit:

> Hinweg! Wie dunkle Schleier liegt um dich / Der letzten Stunden Rätsel schwer gefaltet! / Laß sie zur Erde gleiten, gleich wie den, / Der dir das Haupt umhüllt! (102)

Die Hell-Dunkel-Symbolik, mit der Schnitzler hier arbeitet, deutet bereits an, daß beide Figuren auf Grund ihrer unterschiedlichen Einstellung zum Lebensbegriff nie zueinander kommen können. Für Loschi liegen die Schatten der Vergangenheit schwer auf dem Verhältnis der beiden Liebenden, die Verschmelzung beider Leben zu einem gesteigerten, wie es seiner überhöhten künstlerischen Vorstellung entspräche, ist durch Beatrices Handlungsweise fast unmöglich geworden. Beatrice dagegen offenbart an dieser Stelle deutlich ihren euphorischen Lebensbegriff, wenn sie die Vergangenheit verneint und angesichts des drohenden Unterganges Bolognas auf dem Genuß des Hier und Jetzt beharrt:

> Was kann dir alle Pracht und Buntheit sein / Vergangner Stunden, da die letzte kommt! / Sieh, wärst du, seit ich dich zuletzt gesehn, / Mit hundert Teufeln durch die Luft geflogen, / Ich fragte nicht darum. Und war ich selber / An diesem Abend eine Königin, / Der sich die Welten beugen, oder war ich / Die Dirne eines Narrn, was kümmert's dich, / Da ich nun bei dir bin, mit dir zu sterben? (102)

Mit den letzten Worten ist – ganz ähnlich wie in *Sterben* – auch hier wieder die Möglichkeit des gemeinsamen Liebestodes als letztmögliche Vereinigung angesprochen. Auch die Konstellation ist letztlich die gleiche, denn, obwohl Beatrice fest entschlossen scheint, ihrem Geliebten in den Tod zu folgen, bricht in letzter Sekunde der Lebenstrieb in ihr durch, und Loschi muß die Schwelle allein überschreiten. Da er diesen Ausgang innerlich bereits fühlt, prüft er zunächst, wie fest Beatrice von ihrem Vorhaben überzeugt ist. Im Herzen weiß er, daß Beatrice für ihn verloren ist, da sie mehr fleischgewordenes Traumbild als wirkliche Existenz ist:

> Du bist / Zu staunen nicht gemacht. Niemals hat dich / Des Daseins Wunder namenlos erschreckt, / Nie bist du vor der Buntheit dieser Welt / In Andacht hingesunken, und daß du, / Die Beatrice ist, und ich, Filippo, / Sich unter den unendlich vielen fanden, / Hat nie mit tiefem Schauer dich erfüllt. (104)

Immer stärker versucht er, sie zu provozieren, versucht, ihr mit dem Begriff des „Daseins" die Konsequenzen ihres Vorsatzes vor Augen zu führen und ihren Lebenstrieb zum Vorschein zu bringen.

> Doch begreifst du's? Schau' um dich! / All dies ist Dasein – das bist du, das ich, / Hier unten ruht die Stadt, drin atmen Menschen, / Dort stürzt ins Weite Straß' und Straße hin / Ins Land, ans Meer, – und überm Wasser wieder / Menschen und Städte; – ober uns gebreitet / Dies blauende Gewölbe und sein Glanz, / Und alles dies ist unser, denn wir sind! (105)

Doch ist sein Vorgehen sinnlos, Beatrice, die vom Sterben so wenig weiß wie vom Leben, ist für diese Argumente nicht zugänglich. Gerade der statische Daseinsbegriff bedeutet ihr, die sich bisher blind dem Fluß des Lebens hingegeben hatte, wenig.

Beatrice ist nicht, sie ist vielmehr einem ständigen Werden unterworfen. Sie hat kein Gefühl für Zierlichkeit, ist Ausdruck dessen, was Hofmannsthal beschreibt: „Innerstes: die Unbegreiflichkeit des Tuns. Die Unbegreiflichkeit der Zeit: eigentliche Antinomie von Sein und Werden."[133] Auch Nietzsches Betonung der *Unschuld des Werdens* schwingt hier mit. Diesen Gedanken hat er bereits früh in der Auseinandersetzung mit der Philosophie Heraklits betont: „Ein Werden und Vergehen, ein Bauen und Zerstören, ohne jede moralische Zurechnung, in ewig gleicher Unschuld, hat in dieser Welt allein das Spiel des Künstlers und des Kindes." (PhtGr, 291)

Für Beatrice muß paradoxerweise auch der Vorgang des gemeinsamen Sterbens als ein Erlebnis erscheinen, welches für sie Leben fühlbar macht. Erst als die Tat vollzogen scheint, der vermeintliche Giftbecher geleert ist, begreift Beatrice, daß der Tod einen Endpunkt bedeutet. Bis dahin war er für sie nebulöse Vision, die den Genuß des Lebens steigerte. Der Endpunkt war irreal, schien unendlich weit hinausschiebbar, daher versetzt die plötzliche Konkretheit ihr einen Schock. Für Loschi ist dies der endgültige Beweis der Unvereinbarkeit ihrer beider Existenzen, er spricht die alleinige Wahrheit noch einmal deutlich aus:

> Du willst das Leben. Geh, da draußen wartet's, / Und nimmt dich gierig auf als sein Besitz! [...] Ich hätte dich betrogen, / Hätt' ich die Laune, die dir kam, genutzt, / Und dich mit mir gelockt, wo du nicht hin willst! / Logst du? Du kannst es kaum so gut wie ich! / Nur ist's dein Wesen, daß mit jedem Pulsschlag / Durch deine Adern andre Wahrheit rinnt. (110)

Daher ist die einzig logische Konsequenz auf Beatrices fortwährendes Flehen der einsame Freitod, den er mit dem anschließenden Griff zum echten Giftbecher wählt. Loschis Möglichkeit, das wahre Leben zu erfahren, ist dahin. Er ist am dekadenten Versuch, den Lebensgenuß künstlich zu steigern, gescheitert und hat zu einer natürlichen Lebensgier, wie Beatrice sie verkörpert, keinen Zugang. Als Beatrice versucht, in ihrer Verzweiflung doch noch aus dem Giftbecher zu trinken, versucht der Sterbende ein letztes Mal, der Geliebten die Augen zu öffnen: „Betrüg dich nicht! Entflieh! Das Leben wartet!" (112). Erst in diesem Moment höchster Grenzerfahrung von Verzweiflung und Angst tritt ihr wieder klar vor Augen, was ihr höchstes und einziges Ziel ist und nur sein kann. Zunächst vergewissert sie sich der Möglichkeit, unbestraft ins Leben zurückzukehren: „Niemand kommt / Mich suchen! Niemand weiß – ich kann zurück! /

---

[133] Hofmannsthal, Hugo von: Ad me ipsum. In: ders.: Reden und Aufsätze III. 1925-1929. Buch der Freunde. Aufzeichnungen. Frankfurt/M.: Fischer 1980. S. 603.

Wahrhaftig – kann zurück!" (113)[134] Einen letzten Moment glaubt sie, Loschi lebe: „Komm doch, wir wollen fliehn und leben – leben!" (113) Nachdem ihr sein Tod zu Bewußtsein gekommen ist, rückt sie dem Wahnsinn ein Stück näher und *„schreit im Hinauslaufen, wie von Sinnen:* Leben!" (113) Damit endet der zentrale Akt des Dramas mit seinem zentralen Begriff. An keiner anderen Stelle tritt derart deutlich zutage, wie sehr bei Schnitzler das Leben im Mittelpunkt steht.

Im vierten Akt steigert sich der Rausch der Sinne noch einmal, bereits die Regieanweisung am Beginn deutet die wollüstigen Ausschweifungen an, denen sich die Bologneser auf dem Fest des Herzogs wie von Sinnen hingeben. Auch stützt Schnitzler diesen Eindruck erneut durch formale Kunstgriffe. So treten von Beginn des Aktes an immer nur zwei oder drei Personen gemeinsam pro Szene auf, die einzelnen Szenen wechseln einander rasch ab, eine Art filmischer Schnittechnik, die der Filmliebhaber Schnitzler später noch häufiger benutzen sollte, ist hier als immanentes Konstruktionsprinzip unverkennbar.[135] Das Geschehen bekommt durch diese Technik eine deutlich gesteigerte Dynamik, was auch für die Bühnendarstellung Vorteile gehabt haben dürfte.[136]

Nebenbei verwirft Schnitzler in diesem vierten Akt den Glauben an einen determinierten und durch Symbole deutbaren Geschichtsverlauf und damit auch die Vorbestimmtheit des menschlichen Lebens. Cosini und Magnani spekulieren über die Bedeutung des vom Himmel gefallenen Adlers und deuten dies als schlechtes Zeichen für die Zukunft des Herzogs und der ganzen Stadt, als unabwendbares Orakel für den Untergang Bolognas: „es macht schaudern, zu wissen, daß es in den Sternen schon beschlossen ist." (120) Nur der Hauptmann Guidotti ist in der Lage, dies als Aberglauben zu erkennen:

---

[134] Analog zu diesem Moment ist die entscheidende Szene in der Erzählung *Die Toten schweigen* von 1897 gestaltet: Die Ehefrau verunglückt zusammen mit ihrem Geliebten, der den Unfall nicht überlebt. An seiner Leiche siegt ihre Lebensgier, und sie entfernt sich in dem Bewußtsein, keinen Verdacht erregt zu haben.
[135] Das Verhältnis Schnitzlers zum Film ist in den letzten Jahren häufiger Gegenstand der Untersuchungen gewesen und bietet auch im Vergleich zur literarischen Technik des Spätwerks einige interessante Ansätze. (vgl. etwa: Kammer, Manfred: Das Verhältnis Arthur Schnitzlers zum Film. Aachen: Cobra 1983.)
[136] So konstatiert etwa eine Rezension der Breslauer Uraufführung, Schnitzler sei nur nach dem dritten, also dem ganz zentralen, und eben nach dem vierten Akt vor den Vorhang gerufen worden. Dieser Umstand weist darauf hin, daß der dynamische Ablauf des Geschehens im vierten Akt, den Erwartungen des Publikums eher entsprach, als etwa die teilweise recht langen Reflexionen der übrigen Akte. (vgl. den Artikel von Hermann Hamburger in der Breslauer Zeitung vom 02.12.1900. In: Arthur Schnitzler. Aspekte und Akzente. Materialien zu Leben und Werk. Frankfurt/M.: Lang 1984. S. 308-312.)

> Der Teufel hol' Euch Cosini, und den zeichendeutenden Bonatto nicht minder! Ich sag' Euch, dergleichen ist nicht so viel wert! [...] Es ist alles Unsinn. Es kommt, wie's will. (120)

Damit wird einem abergläubischen Geschichtsverständnis eine klare Absage erteilt, allerdings stellt Schnitzler mit Guidotti nur das entgegengesetzte Extrem dar. Die Wahrheit liegt für Schnitzler, der an einen im Sinne des Kausalitätsprinzips durchaus vorbestimmten Geschichtsverlauf glaubt, etwa in der Mitte:

> Kann man sich wirklich einen Gott vorstellen, der sich einfach damit begnügte, das Kausalitätsgesetz zu schaffen, worauf dann vom ersten Anstoß an, mit dem er die Welt in Gang brachte, die weiteren Geschehnisse unabänderlich und vorbestimmt sich abrollten? Nein, so leicht hat Er es sich nicht gemacht: Er hat sich einen ebenbürtigen Gegner ins All gesetzt, den freien Willen, der in jedem Augenblick bereit ist, mit der Kausalität den Kampf aufzunehmen und es sogar dann tut, wenn er selber glaubt, sich einem unerforschlichen Ratschluß in Demut zu unterwerfen. (BSB, 56)

Mit diesem Geschichtsverständnis ist gleichzeitig auch die grundsätzliche Beeinflußbarkeit des eigenen Lebens durch den Menschen konstatiert. Der Wert des Lebens bemißt sich also auch darin, daß selbiges dem Menschen direkt angehört und vom ihm mitbestimmt wird. Auch wenn das historische Gewand für dieses Drama noch nicht unmittelbar notwendig ist[137], zeigt sich doch bereits die eingearbeitete Reflexion über den Sinn und das Verständnis von Geschichte, die Schnitzler in den folgenden Jahren immer stärker beschäftigt und sich später in den „echten" historischen Dramen wie *Der junge Medardus* deutlicher niederschlägt.

Im weiteren Verlaufe des Aktes steigert sich der Rausch des Festes zu einer wahren Orgie, der Herzog befiehlt, die letzten Hemmungen fallen zu lassen:

> Ein Baldachin ist herrlich aufgespannt / Und spottet mit den ew'gen Sternen, die / Vor fernen Zeiten stolzre Menschenpaare / In keuscher Freiheit sich umschlingen sahn, / Der letzten Scham. (127)

Wie stark der Lebensrausch die Handelnden ergriffen hat, zeigt der Befehl des Herzogs, den Verräter Mariscotti aus dem Kerker zu holen und ihn im Angesicht des dionysischen Treibens an einen Baum zu fesseln, damit er, das pralle Leben vor Augen, seine bevorstehende Hinrichtung umso schmerzlicher empfinden möge:

> Das Lachen und die Seufzer wilder Lust / Umtön' ihn, seine Blicke tauchen ein / In üppiges Gewirr berauschter Leiber; / Was Menschen seiner Art an Wonnen kennen, / Im Flackerleuchten dieser roten Nacht / Tanz' es um ihn, daß wütende Begier / Ihm in die kettenlahmen Glieder fahre. (127)

---

[137] vgl.: Offermanns: a.a.O. S. 41.

Mit der wachsenden Ekstase der Festbesucher wird auch die Dynamik des Handlungsverlaufs noch einmal gesteigert, die Regieanweisung lautet explizit: „*Die nächsten Szenen sehr rasch.*" (128) Wie ein wilder Reigen der Triebe und der Wollust laufen die folgenden Szenen ab, symbolisch überhöht im Bilde der Kurtisane Isabella, die sich im besinnungslosen Liebestaumel die Kleider vom Leibe reißt:

> O, warum ist der schönste Jüngling nicht schön genug -? warum ist der stärkste Mann nicht stark genug -? warum ist die tiefste Wollust noch immer keine Lust? Ich sterbe vor Sehnsucht!

Neben der reinen animalischen sexuellen Gier, die sich hier ausdrückt, verzehrt sich die Kurtisane vor allem nach einem: dem wahren Leben, das die sexuelle Lustbefriedigung ihr nicht bieten kann. Ihre Sehnsucht ist Sehnsucht nach Leben, und zwar nach einem sinnvollen, von Tätigkeit erfüllten Leben.

Kurz vor Beatrices Rückkehr formuliert der Herzog noch einmal ihr übersinnliches Wesen, sie ist den gängigen Vorstellungen weit entrückt:

> Was ist's das so unsäglich mich verwirrt? / Nicht ird'sche Lust, alltägliches Verlangen / Nach einem schönen Weib hat so viel Macht - / Es kündet also höhere Bestimmung, / Des Schicksals Wille sich gebietrisch an. (135f.)

Selbst der Machtmensch Bentivoglio, der als typischer Renaissancefürst fest im Leben steht, ist vom Zauber Beatrices so umfangen, daß er bereit ist, ihr völlige Absolution zu erteilen, wenn sie den verlorenen Schleier wiederbringt. Doch dies muß sie instinktiv ablehnen, da es Verrat am Geliebten wäre. Nur eine einzige Erkenntnis kann es schließlich sein, die sie soweit bringt, ihr Wort zu brechen: das aus ihrer Weigerung folgernde Todesurteil würde ihr Leben auf einen Schlag vernichten. Doch Leben steht für Beatrice über allen anderen Dingen, es ist wichtiger, als die Liebe zu einem Mann; die Angst vor dem Tode, der dieses Leben jäh beendet, überwiegt:

> Sterben? Sterben? [...] Ich will nicht sterben! Nein, ich will nicht sterben! / Tot sein ist fürchterlich! Ich will nicht sterben! [...] Ich habe Furcht - / Sie töten mich – und ich will leben, Herr! / Den Schleier hol' ich Euch - - ich will nicht sterben! (140ff.)

Mit diesem erneuten uneingeschränkt lebensbejahenden Bekenntnis endet der vierte Akt, und der Vorhang öffnet sich ein letztes Mal, um im kurzen Schlußakt den Herzog die bedeutungsvollen Worte sprechen zu lassen, die das unbegreifbare Wesen Beatrices treffend beschreiben:

> Warst du nicht, Beatrice, nur ein Kind, / Das mit der Krone spielte, weil sie glänzte, - / Mit eines Dichters Seel', weil sie voll Rätsel, - / Mit eines Jünglings Herzen, weil's dir just / Geschenkt war? Aber wir sind allzu streng / Und leiden's nicht, und jeder von uns wollte / Nicht

95

> nur das einz'ge Spielzeug sein – nein, mehr! / Die ganze Welt. So nannten wir dein Tun / Betrug und Frevel – und du warst ein Kind! (152)

Beatrice bestätigt die Worte des Herzogs und wird sich in diesem letzten Moment ihrer selbst so bewußt, daß sie plötzlich nur noch den Tod wünscht. Sie begreift mit – immer noch kindlichem - Staunen, daß ihr unbedingter Lebenstrieb anderen Menschen Tod und Verzweiflung gebracht hat. Doch ihren eigenen Tod führt schließlich nicht der Herzog als einziger noch lebender betrogener Geliebter, herbei, sondern ihr eigener Bruder Francesco erdolcht sie in einer den Schluß von Lessings *Emilia Galotti* zitierenden Szene. Francesco repräsentiert die bürgerliche Interpretation des Lebensbegriffs, dem ein moralischer Ehrbegriff zugrunde liegt, deshalb muß er die ihren Trieben folgende Beatrice töten.

In seinem Schlußmonolog kommt der Herzog dem Geheimnis Beatrices noch einmal sehr nahe, als er befiehlt, sowohl Loschi als auch Beatrice zusammen im Grab der Bentivoglios zu bestatten. Er adelt damit ihre Liebe, spricht Beatrice von allen Sünden frei, weil er im Innersten ihr einziges Handlungsmotiv ahnt: das Leben. Das formal an das in der englischen Dramatik, besonders bei Marlowe, oft verwendete „heroic couplet" erinnernde Reimpaar am Ende beschwört noch einmal das Leben, welches sich unabhängig vom Zeitkontinuum in jedem einzelnen Moment manifestiert: „Das Leben ist die Fülle, nicht die Zeit, / Und noch der nächste Augenblick ist weit!" (156)

Der Schleier der Beatrice war verhältnismäßig selten Gegenstand wissenschaftlicher Untersuchungen. Meist handelt es sich um kleinere Abschnitte in Monographien über Schnitzlers Leben und Werk, in der neuesten Biographie von Giuseppe Farese ist dem Stück gerade mal eine halbe Seite gewidmet. Dies dürfte vor allem mit der Beurteilung der Titelfigur zusammenhängen. Bereits Georgette Boner, die sich intensiv mit den Frauenfiguren bei Schnitzler auseinandersetzt, deutet dies an, wenn sie schreibt:

> Oft jedoch ist es schwer, wenn nicht unmöglich, zu entscheiden, ob eine Frau unter positiven oder negativen Vorzeichen einzureihen ist. Beatrice z.B. [...] eine von Schnitzlers eindrucksvollsten Gestalten, wirkt so beunruhigend und faszinierend gerade durch das Inkommensurable, Unfaßbare, daß sie außerhalb solcher Kategorisierung zu stehen scheint. Wie ein ‚Kind', ein Naturwesen, ein Dämon vielleicht, löst sie Entsetzen und Bewunderung zugleich aus.[138]

Auch wenn die Bezeichnung „Dämon" etwas zu stark anmutet, enthält diese Erkenntnis zwei wichtige Begriffe zur Beurteilung der Figur, nämlich „Kind" und „Naturwesen".

---

[138] Boner: a.a.O.. S. 44.

Das kindliche Element in Beatrices Charakter ist unverkennbar stark und wird vom Herzog selbst am Ende erkannt. Ihr Bewußtseinszustand entspricht dem der Präexistenz, deren begriffliche Bestimmung sich besonders Hofmannsthal findet. Für Beatrice hat die äußere Welt, und damit auch ihre Verehrer, keine wirkliche Bedeutung. In kindlicher Unschuld fühlt sich diese „femme enfant" eins mit der Welt, weiß nichts von ihrer Wirkung als Nicht-Ich auf das Ich anderer Menschen. Die Antinomie von Subjekt und Objekt existiert für sie nicht. Für ihre Sichtweise des Lebens hat das zur Folge, daß sie alles auf ihr eigenes Leben bezieht. Sie erkennt nicht den Wert des Lebens an sich (und damit auch nicht den des Lebens anderer), sondern entscheidet rein instinktiv gerade so, wie es der Intensität ihres Lebens am besten zu dienen scheint. Diesem präexistentiellen Zustand ist es zuzuschreiben, daß die Figur der Beatrice während des ganzen Stückes seltsam unkonkret und schwer faßbar wirkt. Sie ist kein klassischer dramatischer Charakter mit Stärken und Schwächen, die den dramatischen Handlungsablauf wesentlich beeinflussen. Vielmehr schwebt sie gleichsam unberührt von allen äußeren Eindrücken durch das Stück. Alfred Kerr betont diese Andersartigkeit der Figur:

> Wer ist Beatrice? [...] Sie ist ein Fall; eine Zusammenfassung; ein Urbild. Beatrice ist eine andere Rasse – mit der wir den ewigen Lebenskrieg führen; die als Stellvertreterin eingesetzt ist [...] des großen triebhaften Alls [...], die sich vom Urzustande so weit noch nicht entfernt hat, wie der grübelnde auf Grund von Erwägungen egoistische Männerich.[139]

Lediglich das Gefühl der Liebe zu Filippo Loschi läßt sich nicht aus ihrem Herzen tilgen, dieser Empfindung verdankt sie schließlich auch ihr tragisches Ende. Der Tod Beatrices bzw. ihre plötzliche Sehnsucht danach („Jetzt aber bin ich müd', so müd', [...] so müd', daß nichts mehr in mir ist als Sehnsucht, / Daliegen, so wie du und fertig sein!" (152)) ist durchaus konsequent, wenn man ihren hier einsetzenden Bewußtwerdungsprozeß im Sinne von Lukas als psychischen Selbstverlust interpretiert. Dieser spricht hinsichtlich Beatrices, die „wie dem Wahnsinn nah" (146) ist, explizit von einem „quasi-psychopathologischem Zustand der Person"[140] und konstatiert bezüglich der Unvermeidbarkeit des Todes:

> Figuren, die psychischen Selbstverlust erleiden, werden vom Text ausnahmslos getilgt, sei es durch Selbstmord [...], durch Mord (*Beatrice*) oder durch ein sonstiges funktionales Äquivalent.[141]

---

[139] Kerr, Alfred: Gesammelte Schriften in zwei Reihen, 1/1, Berlin 1917, S. 133. zit. n.: Perlmann, Michaela L.: Arthur Schnitzler. Stuttgart: Metzler 1987. S. 78.
[140] Lukas: a.a.O.. S. 170.
[141] Lukas: a.a.O.. S. 170.

Der Selbstverlust Beatrices liegt paradoxerweise gerade in der Bewußtwerdung des eigenen Selbst als Subjekt, das sich verschiedenen Objekten gegenübergestellt sieht.

Der zweite Begriff aus Boners Urteil ist eng mit dem des Kindes und der Präexistenz korreliert. Beatrice ist ein „Naturwesen", da sie von den Antagonismen der künstlich-menschlichen Welt nichts ahnt.

Für die Kontrastierung von Leben und Dekadenz steht in diesem Stück die Figur des Filippo Loschi. Er versucht, den präexistentiellen Zustand auf künstliche Weise herzustellen, etwa durch totale Abnabelung von der Außenwelt in seinem Garten. Vergangenheit und Zukunft existieren für ihn nicht, nur im Augenblick ist der Naturzustand des Menschen fühlbar. Die Person Beatrices muß auf ihn besonders anziehend wirken, da sie genau den Bewußtseinszustand repräsentiert, den er im Medium seiner Kunst anstrebt. Die Tatsache, daß er diesen letztlich immoralistischen Zustand ganz bewußt anstrebt, macht ihn – im Sinne Lukas' – gegenüber Beatrice zur A-Figur[142], denn dieses Verhalten ist eigentlich nur Zitat genuin bürgerlichen Machtstrebens.

Letztendlich zeigt dieses Stück, daß „Leben" immer auch eine ethische Basis benötigt, die rein subjektive Verwirklichung eines Lebenskonzepts hingegen führt unweigerlich in den Tod und sich somit selbst ad absurdum.

3.4 Professor Bernhardi

> Meine Komödie hat keine andere Wahrheit als die, daß sich die Handlung genau so, wie ich sie erfunden habe, zugetragen haben könnte, - zum mindesten in Wien zu Ende des vorigen Jahrhunderts.
> (Briefe II, 13)

Nicht zu Unrecht gilt Arthur Schnitzler bis heute als Dichter, der das Verhängnis des Individuums psychologisch bis in den letzten Winkel ausgeleuchtet hat. Allzu leicht wird dabei übersehen, daß auch Schnitzler sich mit den sozialen und politischen Tendenzen seiner Zeit literarisch auseinandergesetzt hat. Dafür mag u.a. das Drama *Fink und Fliederbusch* von 1917 als Beispiel dienen, in welchem die gesellschaftspolitischen Auswirkungen journalistischen Lügens thematisiert werden.

---

[142] vgl.: Lukas: a.a.O.. S. 23.

Das berühmtere und in politischer Hinsicht brisantere Stück jedoch ist *Professor Bernhardi*, mit dem Schnitzler, wie er am 27.2.1913 in dem eingangs zitierten Brief an Georg Brandes schreibt, eine Komödie verfaßt hat, wie sie typischer für die Wiener Zustände der Zeit kaum hätte sein können. Um 1900 entstehen die ersten Ideen für dieses Stück, zu dieser Zeit allerdings noch nicht in selbständiger Form, sondern als Teil eines Dramas, das 1904 als *Der einsame Weg* erscheint und ebenfalls eines von Schnitzlers bekanntesten und erfolgreichsten Werken ist.[143] Nach – wie für Schnitzler üblich - langwieriger Arbeit und häufigen Änderungen erscheint das Stück 1912 bei S.Fischer im Druck und erlebt bis 1925 immerhin 25 Auflagen.[144]

Die Aufführungsgeschichte ist ein Kapitel für sich und erinnert zeitweise an die Wirren und die bösartige Polemik im Kampf um den *Reigen*. Auf reichsdeutschem Gebiet gab es keine größeren Probleme, so daß die Uraufführung am 28.11.1912 am Kleinen Theater Berlin unter der Leitung von Viktor Barnowsky[145] stattfinden konnte. An eine Aufführung in Wien war nicht zu denken. Am 25.10.1912 erließ die dortige Zensurbehörde ein Verbot der geplanten Aufführung am Deutschen Volkstheater. Trotz einiger Versuche, das Stück doch noch genehmigt zu bekommen, Schnitzler hatte sich sogar zu Kürzungen bereit erklärt, sollte bis nach dem Weltkriege keine einzige Vorstellung auf dem Boden des Habsburgerreiches stattfinden. Erst 1918, als die spezifisch österreichischen Gründe für das Verbot des Stückes zusammen mit dem Reich im Kriege untergegangen waren, kam es in jener Stadt, deren Zustände es so treffend schildert, zur Aufführung.

Bereits ein Blick in das Personenverzeichnis macht deutlich, daß die wesentlichen Konflikte dieses Dramas sich auf drei Ebenen abspielen, der ärztlichen, der religiösen sowie der politischen. In der Person des Unterrichtsministers Professor Dr. Flint deutet sich auch die Verquickung des ärztlichen und des politischen Bereiches schon an. Wie

---

[143] vgl.: Urbach: a.a.O.. S. 176. Demnach existiert im Sommer 1901 die erste Fassung des sogenannten *Junggesellenstücks*, welches einen Handlungsstrang enthielt, der sich 1903 als Ärztestück verselbständigt.
[144] vgl.: Urbach: a.a.O.. S. 186.
[145] Otto Brahm, der große Förderer Schnitzlers auf den Berliner Bühnen, hatte das Stück nicht aufführen wollen, da er – in offensichtlicher Verkennung der allgemeinen moralisch-politischen Intention – der Ansicht war, das Stück „müsse zuerst in Wien drankommen wegen des spezifisch österreichischen katholisch-jüdischen Themas." (Der Briefwechsel Arthur Schnitzler – Otto Brahm. Vollständige Ausgabe. Hg. v. Oskar Seidlin. Tübingen: Niemeyer 1975. S. 344.) Zur Aufführungsgeschichte des Dramas vgl.: Bayerdörfer, Hans-Peter: ‚Österreichische Verhältnisse'? Arthur Schnitzlers *Professor Bernhardi* auf Berliner Bühnen 1912-1931. In: Von Franzos zu Canetti. Jüdische Autoren aus Österreich. Neue Studien. Hg. v. Mark H. Gelber u.a.. Tübingen: Niemeyer 1996. S. 211-224.

sich im Laufe des Stückes herausstellen wird, sind religiöse Motive und medizinische Fragen längst zum Politikum geworden und dienen nur noch als Vorwand, um Machtansprüche und Überlegenheitsgefühle zu legitimieren. Darüber hinaus illustrieren einzelne Vertreter der jeweiligen Bereiche die Klassifizierungen „Staatsmann-Politiker", „Priester-Pfaffe" sowie „Naturforscher (Heikünstler)-Quacksalber (Scharlatan)", die Schnitzler in *Der Geist im Wort und der Geist in der Tat* aufgestellt hat. (vgl.: Geist, 12f..) Die Tendenzen, die sich hieraus ergeben, haben Konsequenzen hinsichtlich des Lebensbegriffs, die im Verlauf dieses Kapitels aufgezeigt werden.

Der Beginn illustriert sehr intensiv die Atmosphäre, die das komplette Stück durchziehen wird. Sie ist geprägt von Sticheleien und Intrigantentum unter den einzelnen Mitgliedern des Elisabethinums, die sich nach und nach als Unterstützer oder Gegner Bernhardis herausstellen. Die erste Figur, die auftritt, vermittelt das falsche Spiel, das mit der Titelfigur getrieben wird, in besonderem Maße. Der Kandidat Hochroitzpointner ist der klassische Mitläufer, der sich bedingungslos derjenigen Partei anschließt, von der er sich die meisten Vorteile verspricht. Das leicht diabolische Element, welches ihm anhaftet, deutet sich in der ersten Szene an, wenn er seinen liebsten Aufenthaltsort nennt: „Übrigens, ich bin auch nirgends besser aufgelegt, als im Seziersaal." (152)[146] Für den heutigen Interpreten klingt diese Bemerkung um so grausamer, da er um die unseligen Taten von Ärzten in den Seziersälen und -blocks der Konzentrationslager weiß. Hochroitzpointner kann aus dieser Perspektive durchaus als Vorläufer typischer Nazischergen gesehen werden. Er ist auch unfähig, die Verantwortung des Arztes richtig einzuschätzen. Auf die im Brustton der Überzeugung gegebene Auskunft des Kandidaten, er habe der todkranken Patientin eine weitere Kampferinjektion gegeben, die ihr Ableben noch ein wenig hinauszögere, antwortet Oskar Bernhardi, der Sohn der Titelfigur, mit der lapidaren Bemerkung: „Ja, die Kunst, das Leben zu verlängern, die verstehen wir aus dem Effeff." (153) Er spricht damit wie beiläufig ein Thema an, das bis in unsere heutige Zeit nicht an Aktualität eingebüßt hat: die Frage nach dem Recht des Arztes, zu bestimmen, wie lange ein dem Tode geweihter Patient noch leben darf. Damit ist implizit auch die Frage nach dem Wert angesprochen, den das Leben dieses Patienten in seinem Zustand noch hat, aber auch die Frage nach demjenigen, der über dieses Leben bis zuletzt bestimmen darf. Das ist bei weitem nicht immer der Kranke

---

[146] Die Seitenangaben in Klammern beziehen sich auf den achten Band des Dramatischen Werks.

selbst, sondern allzuoft sind es andere Menschen, die sich zu Herren über Leben und Tod aufschwingen.

Die Mentalität Hochroitzpointners wird in seinem anbiedernden Verhalten gegenüber seinen verschiedenen Vorgesetzten offensichtlich. Er, der auf allen Abteilungen gleichzeitig hospitiert, redet jeweils demjenigen nach dem Munde, der ihm gerade den größeren persönlichen Vorteil zu versprechen scheint. So biedert er sich innerhalb weniger Minuten zunächst bei Bernhardi an („Höre eben von Herrn Doktor Oskar, daß wir recht behalten haben." (153)), um anschließend diesem in den Rücken zu fallen, wenn er Ebenwald gegenüber sagt, die Diagnose Bernhardis sei „doch mehr [...] ein Raten" (156) gewesen. Die chamäleonartige Wandlungsfähigkeit Hochroitzpointners bringt Cyprian zum Ausdruck, als er die Geschichte vom Primarius seiner Amtszeit erzählt, der ein Doppelleben geführt habe: „Bei Tag war er der beschäftigte Arzt, nachts war er Stammgast in allerlei verdächtigen Spelunken, Zuhälter." (169) Auch Hochroitzpointner ist auf der Oberfläche einfach nur Arzt, doch in ihm schlummern alle Anlagen zum Verbrecher. So ist auch sein Auftritt am Ende des ersten Aktes nur folgerichtig. Obwohl es ihm wenige Momente vorher noch ganz egal war, ob die Kranke die Absolution erhält oder nicht (vgl. 158), gibt er sich gegenüber dem verhaßten Juden Bernhardi plötzlich als bekennender Katholik: „Herr Direktor, wir leben in einem christlichen Staat." (174) Hochroitzpointner fehlt jedes ethische Bewußtsein, wie es gerade in seiner Funktion als Arzt eigentlich Grundvoraussetzung sein sollte. Die Funktion der Figur Hochroitzpointner besteht in ihrem Vorausverweisen auf einen bestimmten Typus Mensch im Massenzeitalter, der in naher Zukunft den Gang der Geschichte wesentlich negativ beeinflussen wird.

Bis zum Höhepunkt des ersten Aktes, dem Aufeinandertreffen des Pfarrers und Bernhardis, werden in einer nahezu klassischen Exposition die entscheidenden Handlungsträger des Dramas nach und nach eingeführt, und der Leser/Zuschauer erhält die notwendigen Hintergrundinformationen. Entweder treten die Figuren selbst in Erscheinung (Ebenwald, Tugendvetter, Cyprian, Adler) oder es wird über sie gesprochen (vor allem Flint). Dabei treten auch die Positionen der einzelnen Personen hervor. Schnitzler hat sich formal die Möglichkeit gestattet, jeden einzelnen Charakter genau vorzustellen, da jede Szene aus einer Art Gruppengespräch besteht, in dem die Beteiligten ihre Ansichten darlegen müssen.

Bernhardis größte Gegenspieler im Kollegium sind die Professoren Ebenwald und Filitz. Ebenwald ist Mitglied der Partei der „Christlich-Sozialen" und sieht in der Affäre um Bernhardi eine einmalige Chance, sich gleichsam an die Spitze des Elisabethinums zu putschen. Der Religionsstreit, der die ganze Zeit scheinbar Movens der Verwicklungen ist, bedeutet für ihn letztendlich nur ein Mittel zum Zweck. Der Antisemitismus Ebenwalds ist überwiegend politisch motiviert, religiöse oder gar „rassische" Gründe spielen in Wirklichkeit eine eher untergeordnete Rolle. Im Gespräch mit Bernhardi, in welchem er diesem einen Handel anzubieten versucht, der einem Bestechungsversuch gleichkommt, bringt er seine Einstellung unbewußt explizit zum Ausdruck:

> Es ist ja wirklich schrecklich, daß bei uns in Österreich alle Personalfragen auf politischem Gebiet endigen. Aber damit muß man sich schon einmal abfinden. (197)

Diese Äußerung Ebenwalds ist nur scheinbar fatalistisch, in Wirklichkeit dient die Politisierung aller Fragen gerade seinen Interessen. Menschen wie er sind es, die Mitläufer vom Format eines Hochroitzpointner benutzen, um ihren Machtanspruch ohne Rücksichtnahme auf die Menschenwürde anderer durchzusetzen. Es ist nicht verwunderlich, daß eine wie abgesprochen wirkende Szene zwischen Ebenwald und Filitz schließlich zur Absetzung Bernhardis als Direktor des Elisabethinums führt. Als Filitz seine Absicht bekannt gibt, als Professor des Instituts demissionieren zu wollen, nimmt Ebenwald das zum Anlaß, seine perfiden Absichten, die er von Beginn an hegte, erstmals offenzulegen und vom Ziel der Absetzung Bernhardis zu sprechen. Spätestens an dieser Stelle zeigt sich die politische Tragweite der Affäre, die unter dem Deckmantel des Religionsstreites verhandelt wird.

Filitz ist der zweite politische Agitator. Dies zeigt sich offen in seinem Gespräch mit dem unglücklichen Doktor Feuermann, als dieser wagt, zu behaupten, Kunstfehler von Professoren würden als „Gottes unerforschlicher Ratschluß" (179) hingestellt, während bei einfachen Landärzten wie ihm sofort weitreichende Konsequenzen gezogen würden. Daraufhin erklärt Filitz:

> Aber ich versichere Sie, Glaube und Wissenschaft vertragen sich sehr gut. Ich möchte meine Ansicht sogar dahin formulieren, daß Wissenschaft ohne Glauben immer eine etwas unsichere Angelegenheit bleiben wird, schon weil in diesem Fall die sittliche Grundlage, das Ethos, fehlt. (179)

Im selben Moment unterstellt er Bernhardi „nihilistischen Hochmut" (ebd.) und formuliert damit unterschwellig, auf welcher Grundlage das letztlich politisch motivierte Vorgehen gegen Bernhardi sich vollziehen soll. Das Ineinandergreifen von angeblich religiös motiviertem Antisemitismus und politischem Machtstreben wird sich dabei deutlich zeigen. Filitz und seine Mitstreiter handeln nach jenem Prinzip, daß zu der Zeit in der Wiener Politik populär und dessen verbaler Ausdruck der Ausspruch des Wiener Bürgermeister Karl Lueger war: „Wer ein Jud ist, bestimme ich!" Im Wiener Parlament, das damals von heftigen Kämpfen zwischen Christlich-Sozialen, Deutschnationalen und den liberalen Parteien geprägt war, nahm man die antisemitischen Strömungen immer wieder zum Vorwand, um den stark vom Judentum geprägten Liberalismus endgültig zu zerschlagen. Daß es sich bei den antisemitischen Bestrebungen der Zeit oftmals um reinen politischen Pragmatismus handelte, zeigt auch der Wortwechsel zwischen Oskar Bernhardi und Filitz. Letzterer bemerkt, es sei ja Oskars Pflicht, sich auf die Seite seines Vaters zu stellen, dieser jedoch entgegnet – ganz im Sinne seines Vaters –: „Es ist auch meine Überzeugung, Herr Professor." (182) Genau dieser Unterschied zwischen Handeln aus – meist blindem – Pflichtgefühl heraus und einem moralisch fundierten Handeln ist es, der die Unvereinbarkeit Bernhardis mit jedem seiner Widerparte ausmacht. Der Pfarrer glaubt, aus religiöser Pflicht heraus nicht anders handeln zu können, Ebenwald und seine Mitstreiter deklarieren ihre politischen Machtgelüste ebenfalls als Pflichtgefühl gegenüber der christlich-sozialen bzw. deutschnationalen Sache. Dabei spielt es eine untergeordnete Rolle, daß das Pflichtgefühl des Pfarrers objektiv gesehen auf einer höheren ethischen Ebene angesiedelt ist, wenn man davon ausgeht, daß es der Kirche um das Glück des einzelnen Menschen geht.

Während Ebenwald und Filitz die führenden Bernhardi-Gegner verkörpern, sind die Professoren Cyprian und Pflugfelder sowie dessen Sohn Kurt die wichtigsten Freunde und Unterstützer Bernhardis im Kollegium.

Cyprian kommt dabei die so etwas wie die Rolle eines weisen alten Mannes zu, der in seinem Leben viel gesehen und daraus längst seine Lehren gezogen hat. So erkennt dieser beispielsweise sofort die Tatsache, daß Bernhardi eigensinnig und somit nicht - wie er glaubt - uneingeschränkt vernünftig gehandelt hat. Er weist ihn deutlich darauf hin, sein Handeln sei „nicht richtig" (173) gewesen. Bernhardi vermag in diesem Moment jedoch noch nicht zu erkennen, daß auch er unweigerlich Teil des großen Spiels mit Namen Politik und seine ärztliche Unabhängigkeit wenn nicht eine nur scheinbare, dann doch eine sehr brüchige ist. Immer wieder ist Cyprian es, der die Zweifelhaftigkeit von Bernhardis absolut starrer Haltung ins Licht rückt. Er lenkt

Bernhardis Aufmerksamkeit darauf, daß dieser auf dem besten Wege ist, ebenfalls zum Dogmatiker zu werden, wenn er ohne Wenn und Aber versucht, seine Person zu verteidigen. In diesem Fall nämlich wären die Menschen, deren Behandlung Bernhardis ärztliches Interesse gilt, die wirklich Leidtragenden, wenn durch den Vorfall das Elisabethinum schließen müßte. Cyprian ist somit „im Drama die Rolle des Skeptikers zugewiesen, der sich über die prekäre politische Lage der Juden, auch über die Aussichtslosigkeit im Falle Bernhardi, nicht die geringste Illusion gestattet."[147] Er weist Bernhardi (und auch dessen vehementesten Unterstützer Löwenstein) darauf hin, daß dieser Gefahr läuft, persönliche Beleidigungen wichtiger zu nehmen als das Leben der Menschen, die auf seine medizinische Hilfe hoffen. Cyprian spricht ausdrücklich von Bernhardis „Eitelkeit" (190), die ihn daran hindere, so vernünftig zu handeln, wie es seinem aufgeklärten Geist entspräche. Er fordert von Bernhardi, wenigstens im Sinne seines ärztlichen Ethos pragmatisch zu handeln und persönliche moralische Bedenken in den Hintergrund zu stellen:

> So kommt mir doch nicht immer mit eurer moralethischen Entrüstung. Ja, die Menschen sind ein Gesindel – aber wir müssen damit rechnen. Und – *zu Bernhardi* – da es doch weder deine Absicht, noch deine Sache ist, dich mit dem Gesindel einzulassen, und du an den Menschen und Dingen durch Halsstarrigkeit nicht das Geringste ändern wirst, so rate ich dir noch einmal auf das allerdringendste, das Möglichste zu tun, um den drohenden Sturm zu beschwichtigen. (189f.)

Im Rahmen der Versammlung des Kollegiums, in der Bernhardi gestürzt wird, ist es erneut Cyprian, der angesichts des Wortlautes der Interpellation klar zum Ausdruck bringt, daß es nur zutiefst unmoralische Gründe hätte geben können, dem ärztlichem Ethos und der allgemeinen menschlichen Pflicht im Falle Bernhardis nicht Genüge zu tun. Cyprian appelliert vergeblich an das Gewissen der versammelten Ärzteschaft:

> Wir wissen alle, daß Bernhardi [...] ausschließlich in Ausübung seiner ärztlichen Pflicht gehandelt hat. Wir alle hätten uns im gleichen Falle genauso benommen wie er. [...] Das Erscheinen des Priesters am Krankenbett gegen den Willen des Sterbenden oder gegen die wohlbegründeten Bedenken desjenigen, der in der letzten Stunde für ihn verantwortlich ist, muß als ein zum mindesten unstatthafter Übergriff kirchlicher – Fürsorge bezeichnet werden, den abzuwehren in bestimmten Fällen nicht nur erlaubt ist, sondern zur Pflicht werden kann. [...] Wir hätten alle getan wie Bernhardi. [...] Oder richtiger gesagt: wir hätten so tun müssen, mindestens, wenn wir einem ursprünglichen Gefühl nachgegeben hätten. [...] Bernhardis Fehler, wenn wir ihn überhaupt so nennen wollen, bestand also nur darin, daß er die Folgen nicht bedachte, daß er seiner ärztlich-menschlichen Eingebung gefolgt ist, die wir alle als Ärzte und Menschen gutheißen müssen. (226f.)

---

[147] Janz, Rolf-Peter: Professor Bernhardi - 'Eine Art politischer Dreyfus'? Die Darstellung des Antisemitismus bei Arthur Schnitzler. In: Farese: Akten .... a.a.O.. S. 108-117. hier: S. 114.

Diese Stellungnahme Cyprians spitzt den dramatischen Konflikt auf engstem Raum zu. Wenn er hier von „einem ursprünglichen Gefühl" spricht, kann natürlich nur das Gefühl für den Wert jedes einzelnen Menschenlebens gemeint sein. Leben erscheint ihm als höchster Wert, dem keinesfalls pragmatische Zielsetzungen übergeordnet werden dürfen. Bernhardi hat genau das getan und steht damit von vornherein als moralischer Sieger des Dramas fest. Doch deutet – der längst aller Illusionen beraubte – Realist Cyprian mit dem Hinweis auf die praktischen Folgen an, daß Bernhardis Position trotzdem zweifelhaft bleibt.

Erneut wird dies in der Diskussion mit dem Journalisten Kulka deutlich, als Cyprian sich als Skeptiker erweist und die in diesem Fall durchaus gegebene Notwendigkeit eines gewissen Pragmatismus ausspricht:

> Ob du nun die Sache politisch oder juridisch oder ganz privatim weiterführen willst, ich bleibe dabei, es war nicht notwendig, diesem Herrn Kulka gewissermaßen die Türe zu wiesen. (268f.)

Cyprian deutet die Wichtigkeit von Öffentlichkeit an, die auch Bernhardi letztlich nützen könnte. Die Macht des Massenmediums Zeitung wird von diesem geflissentlich ignoriert, da er es erneut mit seinem Selbstverständnis als autonomes Individuum nicht vereinbaren kann, solch einen Streit über den öffentlichen Weg auszutragen.

Eine ganz eigene Funktion erfüllen Vater und Sohn Pflugfelder. Zwar sind sie für den groben Handlungsverlauf eher nebensächlich, doch führen gerade ihre Bemerkungen und Ausführungen die Perfidie des Geschehens immer wieder deutlich vor Augen und die Tatsache, daß der Sohn zumindest ansatzweise die Fehler der älteren Generation erkennt und anspricht, mag ein kleiner Hoffnungsschimmer für eine bessere Zukunft sein.

Es ist zunächst auch Kurt Pflugfelder, der einen Satz prägt, der die einzige Möglichkeit auszudrücken scheint, mit dem Leben zurechtzukommen.. Als Doktor Adler ihm vorwirft, er sei doch schließlich auch deutschnationaler Couleurstudent gewesen, antwortet Kurt, der erkannt hat, daß alle Ideologie letzlich in die Sackgasse führt:

> Und Antisemit. Jawohl, Herr Dozent. Bin's sogar noch immer, im allgemeinen. Nur bin ich seither auch Antiarier geworden. Ich finde, die Menschen sind im allgemeinen eine recht mangelhafte Gesellschaft, und ich halte mich an die wenigen Ausnahmen da und dort. (166f.)

Diese Einstellung ist nur auf den ersten Blick misantropisch, in Wirklichkeit könnte sie die einzig mögliche Perspektive sein, um unabhängig von Dogmen und Ideologien den

Wert des Lebens und der Menschlichkeit zu behaupten. Wenn Pflugfelder sich zugleich als Antisemit und Antiarier bezeichnet, gibt er damit zu erkennen, daß ihn in Wirklichkeit nur der einzelne Mensch interessiert, und das es sich dabei um die ethisch einwandfreieste Haltung handelt, die möglich ist, weil sie biologisch oder sozial festgelegte Eigenschaften wie Hautfarbe oder Religion nicht in die Beurteilung einfließen läßt.

Auch in der entscheidenden Szene des Streites zwischen Bernhardi und dem Pfarrer ist es zuerst noch einmal Kurt Pflugfelder, der eine Bemerkung macht, in welcher sich eine überlegte und geradezu barmherzige Sicht auf das menschliche Leben bemerkbar macht: „Übrigens ist gerade das [Lügen] manchmal der schwerste und edelste Teil unseres Berufes." (170) Mit dieser Erkenntnis, die deutlich darauf hinweist, daß die Erhaltung der Freude am Lebendigsein die eigentliche Aufgabe des Arztes sein sollte, verweist er auf die Handlungsmotivation Bernhardis im Folgenden. Der Leser/Zuschauer interpretiert den Ablauf der Geschehnisse unter dem Eindruck dieses scheinbar beiläufigen Ausspruchs Pflugfelders und wird somit auf die Seite Bernhardis gezogen.

Kurt Pflugfelder ist - mit seiner Selbstcharakterisierung als Antisemit und Antiarier sowie mit seinem gesunden Zweifel an den Menschen und seiner Hingabe an die wenigen positiven Ausnahmen - der Typus, der eine drohende dunkle Zukunft vielleicht verhindern könnte. Er besitzt die nötige Illusionslosigkeit, um die Zeichen der Zeit zu sehen und zu deuten. So ist ihm auch klar, daß die Bernhardi-Freunde mit ihrer Nachgiebigkeit und Ehrlichkeit auf verlorenem Posten stehen:

> Zum Volk müßte man reden. Das mein' ich. Der Unsinn war, daß wir bisher das Maul gehalten haben. Schaut euch die Gegenpartei an! Die klerikalen Blätter haben gehetzt, soviel sie nur konnten. [...] Die haben nicht erst den Ausgang der Verhandlung abgewartet, um über die Affäre zu schreiben, wie es unserer liberalen Zeitungen offenbar für nötig hielten. [...] es ist eben gegangen, wie leider so oft in der Welt. Was der Unbedenklichkeit und dem Haß der Feinde vielleicht doch nicht ganz gelungen wäre, das hat die Laxheit und die Feigheit der sogenannten Freunde besorgt. (247)

Pflugfelder ist der einzige, dem der Untergang des Liberalismus' in Österreich und das bedrohliche Aufziehen dunkler Wolken am politischen Himmel so klar vor Augen steht, daß er es für nötig erachtet, mit ähnlichen Mitteln zurückzuschlagen. Er allein ist innerlich von jener indifferenten Haltung den unmenschlichen politischen Zuständen gegenüber, die auch Bernhardi vorzuwerfen ist, frei. Die alten liberalen Werte, die sich an aufklärerischen Idealen orientierten, sind längst dem Untergang geweiht; der Wert menschlichen Lebens wird sich in naher Zukunft an sogenannten rassischen Merkmalen festmachen. Die Diskussionen der Freunde Bernhardis mit seinem Verteidiger Goldenthal im Verlaufe des vierten Aktes zeigen die Verwirrtheit und Unentschlossenheit, die auf der Seite der Liberalen herrscht. Obwohl alle im Innersten ahnen, daß Kurt Pflugfelder recht hat, verhindert der altliberale Glaube an die Gerechtigkeit eine unverstellte Sicht der Dinge.

Etwas seltsam mutet an, daß die Person Kurt Pflugfelders in der Diskussion mit dem Journalisten Kulka ausgespart wird, gerade hier hätte seine Schelte der liberalen Presse zum Tragen kommen können. Das Fehlen einer Äußerung Pflugfelders kann man an dieser Stelle als erneutes Eingeständnis liberaler Indifferenz lesen. Sogar Pflugfelder fehlt somit die letzte Konsequenz beim Vorgehen gegen die Tendenzen der Zeit, als Mann der Tat erweist er sich ebensowenig wie seine Freunde.

Sein Vater Professor Pflugfelder, wie Cyprian als Nichtjude auf der Seite des Juden Bernhardi, ist über das Vorgehen der Gegner Bernhardis entrüstet und äußert seinen moralischen Unmut gegenüber Ebenwald, als dieser ihm Erstaunen über die Demissionierung des Kuratoriums unterstellen will: „Oh, das Erstaunen, wissen Sie, das habe ich mir lange abgewöhnt. Aber, den Ekel leider nicht. Nein, der geht mir bis daher." (216) Für ihn ist klar, daß Bernhardi sich bei seiner Aktion ausschließlich von seinem Verantwortungsgefühl als Arzt leiten ließ und damit das letzte Lebensglück der Patientin obenan stellte: „Politik! Bernhardi hat Politik gemacht! Sie werden mir doch nicht einreden, daß Sie das selber glauben." (218)

Der alte Pflugfelder ist es auch, der mit einer ironischen Bemerkung über dessen „ganz frische religiöse Gefühle", die „besonders geschont werden" (216) müßten, die höchst zweifelhafte Stellung des Konvertiten Dr. Schreimann zum Ausdruck bringt. Dieser behauptet zwar, die Affäre sei für ihn vom „Standpunkt [...] des Taktes aus zu betrachten" (215), doch straft ihn die starke Betonung seines neugewonnenen Status' als Deutscher und Christ lügen. Schreimann ist sozusagen darauf angewiesen, die Rolle des Bernhardi-Gegners zu spielen. Gegenüber Ebenwald, der ihn trotz seiner eigenen Vergangenheit als „Führer der Deutschnationalen strengster Observanz" (216) berufen hat, ist er zu Dank und damit Gefolgschaft verpflichtet. Ethische Gründe kämen für ihn überhaupt nicht in Frage, durch seine indifferente Einstellung zu seinem eigenen Erbe hat er sich erpressbar gemacht und ist nur noch ein Spielball politischer Führungsfiguren wie Ebenwald.

Zwei weitere Figuren, die mit ihrer indifferenten Haltung zu den Geschehnissen den zielstrebigen Machtmenschen Ebenwald und Filitz den Weg bereiten, sind die Doktoren Adler und Wenger.

Adler ist Dozent auf der Abteilung für pathologische Anatomie und begründet seinen Wechsel zu diesem Fach mit der Resignation, die ihn angesichts der Behandlung Lebender ergriffen habe:

> Aber es ist schon verstimmend manchmal, daß man so im Dunkeln herumtappen muß. Das war ja der Grund, daß ich mich zur pathologischen Anatomie geflüchtet habe. Da ist man sozusagen der Oberkontrollor. (165)

Auch seine Bemerkung zu Kurt Pflugfelders Ansicht, man müsse neue medizinische Mittel ausprobieren, wenn die alten nichts mehr taugten, ist symbolisch zu lesen: „Und morgen ist das Neue schon wieder das Alte." (165) Beide Aussagen zeigen Adler als einen Menschen, der mit dem Leben nicht fertig wird. Ständig fühlt er sich von den Entwicklungen überrollt, tappt hinsichtlich des Geheimnisses des Lebens im Dunkeln und fühlt sich somit nur im Totenreich der pathologischen Anatomie wohl. Dazu paßt die unentschiedene Haltung, die Adler später im Verlauf der Affäre um Bernhardi einnehmen wird. Scheint er zunächst auf der Seite der Gegner zu stehen, erweist er sich während des Prozesses plötzlich als loyaler Bernhardi-Freund. Auch ist Adler der einzige Halbjude des Kollegiums. Es scheint, als wenn in seiner in jeder Hinsicht gespaltenen Persönlichkeit die ganze verwirrende Situation der Moderne sich manifestierte. Adler befindet sich ständig in der Gefahr eines Ich-Verlustes und kann somit auch nur schwerlich mit dem Leben in einen harmonischen Zustand kommen.

Die Figur des Doktor Wenger, der die Abteilung von Professor Tugendvetter übernehmen soll, ist die traurigste Gestalt des Dramas. Mit Wenger karikiert Schnitzler einen jüdischen Typus, der sich aus Angst vor den antisemitischen Umtrieben bereits hat neutralisieren lassen und somit auch nicht Partei für Bernhardi ergreifen kann, obwohl dieser überhaupt unter Mißachtung persönlicher Nachteile für seine Berufung verantwortlich ist. Schnitzler hat selbst auf die Existenz dieses Typus hingewiesen: „Wieder allerlei Gedanken darüber, wie der Österreicher und der Jude die Verräter im eignen Lager hat." (Tgb., 24.VI.1912) Für ihn ist diese ganze Sache unangenehm: „Ja, was soll ich sagen? Ich versteh' nichts von Politik. Und ich war ja nicht dabei." (220) Vom moralischen Standpunkt aus ist Wenger mit diesem Verhalten genauso disqualifiziert wie die dezidierten Antisemiten. Zwar versucht er sich auf eine Position zu berufen, die gar an die Bernhardis erinnert: „Pardon, für mich gibt es überhaupt keine religiösen und keine nationalen Unterschiede. Ich bin ein Mann der Wissenschaft. Ich perhorresziere." (222) Doch ist dies nur eine Schutzbehauptung, um auf keiner der beiden Seiten eindeutig Stellung beziehen zu müssen.

All diese Figuren sind jedoch immer nur für bestimmte Aspekte dieser Komödie interessant. Im Zentrum der Diskussion um Moral und Politik, die Hauptthema des Stückes ist, stehen Bernhardi, Unterrichtsminister Flint und Pfarrer Franz Reder. Mit dem ersten Auftritt der Titelfigur wird auch gleich deren grundsätzlicher Charakter eingeführt. Sein loyaler Assistent Kurt Pflugfelder vermutet, dem Halbjuden Adler, der seine nichtjüdische Ader besonders gerne betont, passe die richtige Diagnose des Juden Bernhardi nicht. Dieser antwortet ihm darauf: „Aber, lieber Doktor Pflugfelder! Überall wittern Sie Verrat. Wo werden sie noch hinkommen mit Ihrem Mißtrauen?" (153) Bernhardi zeigt sich mit dieser Aussage als Mann, der in seiner Eigenschaft als Wissenschaftler prinzipielles Vertrauen in ärztliche Unabhängigkeit und menschliche Aufrichtigkeit besitzt. Diese sind für ihn die Grundlagen sozialen Zusammenlebens, unabhängig von religiösen Anschauungen. Das Gebiet der Politik gilt ihm als Hort der moralischen Korruption.

Im Gespräch zwischen Bernhardi, Ebenwald und Tugendvetter offenbart sich Bernhardis kritische Ader. Die Nachricht Tugendvetters, Flint habe sich ausnehmend positiv über ihn geäußert, nimmt er mit großer Vorsicht auf. Für ihn ist dieser, mit dem er einmal befreundet war, spätestens seit seinem Wechsel in die Politik diskreditiert, insbesondere auf Grund seines Widerstandes gegen die Gründung des Elisabethinums. Flints damaliger Widerstand und seine jetzige Unterstützung zeigen nach Bernhardis Meinung deutlich den Opportunismus des Ministers. Die Einstellung des Wissenschaftlers Bernhardi zur Politik (wie auch die zur Religion) ist stark von Schnitzlers eigenen Ansichten gefärbt:

> Politik, das ist die Freistatt, wo Verbrechen, die sonst Gefängnis oder Tod zur unvermeidlichen Folge hätten, wo Verrätereien, die sonst zu flammender Empörung aufriefen, wo Lügen, die sonst im allgemeinen Hohngelächter untergingen, nicht nur von diesen sonst natürlichen Konsequenzen bewahrt zu bleiben pflegen, sondern wo all diese Verbrechen, Verrätereien und Lügen als durchaus natürliche, wenn nicht gar rühmenswerte Betätigungen der menschlichen Natur angesehen werden. (BSB, 152)

Für Bernhardi ist die Karriere als Politiker auch charakterlich bedingt, so sagt er spöttisch über Flint: „Er war immer ein guter Politiker, dein neuester Freund Flint."

(160) Bernhardis totale Ablehnung des Politischen wie auch des Religiösen deutet sich hier schon an. Genau diese etwas indifferente Einstellung zu zwei großen und bestimmenden Bereichen menschlichen Lebens ist es jedoch, die Bernhardis grundsätzlich moralisch einwandfreies Verhalten letzlich auch fragwürdig erscheinen läßt. Dies wird sich im Verlaufe der Interpretation noch deutlicher zeigen.

Symptomatisch für die Welt, in der Bernhardi lebt, ist die Regieanweisung eingangs des zweiten Aktes. Er ist in seinem Ordinationszimmer umgeben von den Insignien der Wissenschaft und ärztlichen Gelehrsamkeit: Medizinschrank, Bücher, Äskulapbüste und Photos von Gelehrten weisen offen darauf hin, daß nur diese Sphäre für den Intellektuellen Bernhardi von Wichtigkeit ist. Nur unter ausschließlicher Berücksichtigung medizinischer Leitlinien, so glaubt Bernhardi, kann eine den menschlichen Bedürfnissen der Patienten angemessene Behandlung erfolgen.

In der handlungsauslösenden Szene zwischen ihm und dem Pfarrer zeigt sich Bernhardis Charakter ganz offen. Er fühlt sich einzig und allein der medizinischen Sphäre zugehörig und kann den Eingriff der Kirche, den er aus seiner Sicht als negativ erkennt, nicht dulden. Kurz vor ihrem Tode, von dem sie nichts ahnt, ist die Kranke in einen Zustand „absoluter Euphorie" (170) eingetreten, Bernhardi spricht gar von einem „gesteigerten Bewußtsein". (ebd.) Dieser rauschähnliche Zustand verbindet die Todgeweihte ein letztes Mal intensiv mit dem Leben, er bedeutet Glück und momentane Zufriedenheit, also das Höchste, was für sie noch möglich ist. Die Wendung vom „glücklichen Sterben" (ebd.) steht im Zentrum des weltanschaulichen Unterschieds zwischen Bernhardi und dem Pfarrer. Nach Bernhardis Ansicht kann nur derjenige ein glückliches Sterben ermöglichen, der bis zuletzt diesseitiges Glück ermöglicht. Das jenseitige Glück, für welches die katholische Kirche in der Person des Pfarrers steht, ist für den Arzt irreal und als Hilfe für den im Diesseits lebenden Menschen ungeeignet. Für den Pfarrer ist mit dem nicht mehr aufzuhaltenden Sterbeprozeß des Mädchens ihr Leben bereits beendet, es fällt nun quasi in den Zuständigkeitsbereich der Kirche, oder wie Nietzsche es ausdrückt: „Das Leben ist zu Ende, wo das ‚Reich Gottes' anfängt..." (GAG, 105)

Die Handlungsweise Bernhardis in dieser Szene erscheint moralisch höherwertig, da sie sich an den unmittelbaren Bedürfnissen des kranken Menschen orientiert. Allerdings verzichtet Schnitzler darauf, den Pfarrer als niedrige oder lächerliche Figur zu zeichnen.

Vielmehr wird an dieser Stelle die völlige Unvereinbarkeit von jenseitsorientierter Religion und lebensorientierter Wissenschaft offensichtlich, im vierten Akt wird Bernhardi in der wichtigen Gesprächsszene mit dem Pfarrer von einem „Abgrund" (262) sprechen, der wirkliche inhaltliche Verständigung unmöglich macht.

Allerdings muß auch Bernhardi einsehen, daß eine allzu starre Haltung der menschlichen Sache in diesem Fall nicht dienen würde: „Ich habe nämlich wirklich gar keine Lust, den Helden um jeden Preis zu spielen." (192) Daher erklärt er sich schließlich bereit, eine entsprechende Erklärung zu verfassen, die ein vernunftgesteuertes Einlenken von seiner Seite bedeuten und den Handlungsspielraum seiner Gegner ein wenig einschränken würde. Dieser Entschluß hält aber nur solange vor, bis der Bestechungsversuch Ebenwalds ihm den moralischen Verfall seiner Gegner erneut deutlich vor Augen führt.

Wie stark Dogmatismus menschliche Regungen zu steuern vermag, beweist die Szene zwischen Bernhardi und dem Pfarrer. Zwar macht dieser ein „weiter gehendes Zugeständnis" (255) als im Prozeß, doch zeugt die Tatsache, daß ihm diese Ehrenhandlung nur unter vier Augen möglich ist, von den Problemen, die ein öffentliches Bekenntnis dieser Art haben würde. Ausgerechnet der offizielle Vertreter christlicher Nächstenliebe und Menschlichkeit kann nicht umhin, das allgemeine Spiel von Halbwahrheiten und faulen Kompromissen mitzuspielen. Der Versuch, dieses Mitspielen mit höheren Beweggründen zu untermauern, wird von Bernhardi mit jeder Antwort als nichtig entlarvt, so daß es schließlich beinahe wie ein Schuldeingeständnis klingt, wenn der Pfarrer zugibt:

> Eine höhere [Wahrheit] als die meiner Kirche vermag ich nicht anzuerkennen, Herr Professor. Und meiner Kirche höchstes Gesetz heißt Einordnung und Gehorsam. (257)

Diese Worte veranschaulichen, daß der Pfarrer, so sehr er innerlich sein Unrecht fühlt, sich dem Dogmatismus der katholischen Kirche nicht entziehen kann. Das Verhalten des Pfarrers bestätigt den Spruch Nietzsches: „Auch der Mutigste von uns hat nur selten den Mut zu Dem, was er eigentlich weiß..." (GAG, 81) Wenn das höchste Gesetz der Kirche „Einordnung und Gehorsam" heißt, muß das Leben und die Menschlichkeit dabei zwangsläufig auf der Strecke bleiben. Diese Benennug der höchsten Grundsätze erweist das Tun der Kirche als reine Politik, da sie auf Machterhalt und Unterdrückung ihrer Angehörigen aus ist.

Die Figur des Pfarrers Franz Reder scheint auf der Schwelle zwischen den Typen des „Priesters" und des „Pfaffen" aus Schnitzlers Diagramm *Der Geist im Wort* zu stehen. Es ist kein Zufall, daß der Abstand zwischen diesen beiden Typen der geringste im Diagramm ist. Der Unterschied ist eben oft verschwindend gering, doch gilt für Reder, was Schnitzler als Unterschied zwischen Priester und Pfaffe ausmacht: „Der *Priester* will Andacht, der *Pfaffe* Unterwerfung." (Geist, 20) Reder kann sich von der Unterwerfung unter das Dogma nicht zur Gänze befreien, auch wenn für ihn zutrifft, daß er innerlich sein Unrecht fühlt. Verantwortlich dafür ist die außergewöhnliche Situation, in der er sich befindet und die sich als Erlebnis im Sinne der Lebensphilosophie deuten läßt. Dieses Erlebnis stellt für einen Moment den Kontakt zwischen negativem und positivem Typus her:

> Ein *bedeutender Anlaß* kann den Repräsentanten des *negativen* Typs für beschränkte Dauer, natürlich immer nur *scheinbar*, in seinen *positiven* Gegentyp verwandeln: merkwürdige Zeitumstände, ein starkes persönliches Erlebnis, ein gewaltiges Beispiel, ein äußerer Zwang – all dies kann solche *scheinbare* Wandlungen herbeiführen. [...] Niemals aber wird ein solcher Trug dauern, und der Kenner durchschaut ihn oft schon im Augenblick, da er versucht wird und der Menge gegenüber gelingt. (Geist, 18)

Bernhardi, der seinerseits im Diagramm *Der Geist in der Tat* dem Typus des Naturforschers statt des Quacksalbers entspricht, ist in dieser Szene der Kenner, der die scheinbare Wandlung Reders vom Saulus zum Paulus als Attitüde entlarvt. Die vorgeblich menschliche Haltung des katholischen Pfarrers ist letztlich nur Unterwerfung unter institutionelle Dogmen, die ihm jede echte Handlungsfreiheit nehmen. Der unbedingte Wille, die ahnungslose Sterbende mit ihrem bevorstehenden Tod zu konfrontieren, erscheint hier als die „erbärmliche[...] und schauderhafte[...] Komödie, die das Christentum mit der Sterbestunde getrieben hat." (GAG 154) Nietzsche spricht an dieser Stelle gar von einer „Gewissens-Notzucht" (ebd., 155), die das Christentum dem Sterbenden aufdränge.

Der moralische Verfall, den Bernhardi überall konstatieren muß, erweist sich vor allem auch an der Person des Ministers Flint. Schnitzler entwickelt diese Figur anhand von Dekadenzmotivik, die auf den ersten Blick in diesem Stück keine Rolle zu spielen scheint, in diesem Zusammenhang jedoch ihre Funktion erfüllt. Bernhardis Aussagen über Flint deuten darauf hin, daß dieser ganz impressionistischer Augenblicksmensch und deshalb kein Verlaß auf ihn sei. So sagt Bernhardi auf Cyprians positive Äußerung über Flint, der zur Umsetzung seiner Pläne „Menschen, nicht Beamte" (191) wolle, voller Ironie: „So? – Menschen braucht er... Er hat es vielleicht sogar geglaubt in dem Augenblick, da er mit dir darüber sprach." (191) Zwar bestätigt Cyprian Bernhardis Ansicht („Ja, er ist leicht entzündet, das wissen wir." (ebd.)), doch besteht er auf Flints Zuverlässigkeit in dieser Sache, mit der Begründung, dieser empfände immer noch alte Freundschaft für Bernhardi. Der Professor hingegen beharrt auf seiner Charakterisierung Flints: „Empfände... Im Moment. Ich kenn ihn ja. Wärst du eine Viertelstunde länger bei ihm geblieben, so hätte er sich eingebildet, ich sei sein bester Freund gewesen." (192) Flint steht somit als typischer Mensch, der sich von momentanen Empfindungen und Stimmungen leiten läßt, symptomatisch für den Zerfall in der Administration des Habsburgerreiches. Er verkörpert den Typus des Décadents im *Professor Bernhardi*, auch wenn dies auf der Textoberfläche nicht im Mittelpunkt steht. Besonders deutlich wird diese Stellung Flints später, als er bei seiner Rede im Parlament mittendrin vom Verteidiger Bernhardis zu dessen Ankläger mutiert und zwar, wie Löwenstein erklärt, „zu seiner [Flints] eigenen Überraschung" (231).

Die Gegensätzlichkeit der Figuren Bernhardis und Flints kontrastiert Schnitzler auch in der Abschlußszene des zweiten Aktes. Der Augenblicksmensch Flint wirft Bernhardi vor, „nachträgerisch" (200) zu sein und damit die „klare Auffassung gegenwärtiger Verhältnisse" (ebd.) zu behindern. Bernhardi gibt jedoch klar zu erkennen, daß er Flints Wankelmütigkeit und Unzuverlässigkeit längst durchschaut hat: „Ja, das suggeriert man sich dann immer in der wachsenden Erbitterung des Kampfes. Die Überzeugung!" (201) Überzeugung (vgl. die Äußerung Oskar Bernhardis im 1. Akt!) ist eben genau das, was Flint vollkommen fehlt. Er wechselt die Überzeugungen von einem Moment zum anderen und glaubt, es sei immer die gleiche. Welch extrem negative Auswirkungen dieses Verhalten haben kann, zeigt Bernhardi, als er Flint an eine alte Geschichte erinnert. Der hatte die richtige Diagnose in einem Krankheitsfall verschwiegen, um die „Empfindlichkeit" (202) seines damaligen Lehrers nicht zu stören. Der Patient war daraufhin gestorben. In diesem Fall hatte die Gesinnungslosigkeit Flints sogar Folgen für das Leben eines Menschen, doch glaubt er, seine Handlungsweise dadurch rechtfertigen zu können, daß „dieses eine Opfer [...] fallen [...] mußte zugunsten von Hunderten andrer Menschenleben, die später sich [seiner] ärztlichen Kunst anvertrauen sollten." (202) Ausgehend von dieser Begründung wirft er im folgenden Bernhardi vor, ihm fehle „der Blick fürs Wesentliche, ohne den alle Überzeugungstreue doch nur Rechthaberei" (203) bleibe. Das Perfide an dieser Diagnose ist, daß sie zwar grundsätzlich sogar richtig ist, für Flint aber ausschließlich politischen Machtinteressen dient. Den „Blick fürs Wesentliche" interpretiert Flint als Blick für schnelles Vorwärtskommen und politische Macht. Dafür darf dann auch schon einmal ein Menschenleben geopfert werden. Flint will dies natürlich nicht wahrhaben, erstickt auch eine Diskussion über seine frühere Überzeugung, man müsse statt Kirchen mehr Krankenhäuser bauen, mit dem Hinweis: „Aber wir wollen uns nicht in politische Diskussionen verlieren, nicht wahr?" (204) Wenig später ist er dann wieder sehr wohl bereit, sich auf der politischen Ebene zu bewegen. Der Bestechungsversuch Ebenwalds, von dem Bernhardi ihm berichtet, scheint ihm nämlich Gelegenheit zu geben, seine Überzeugungskraft als Redner im Parlament einmal mehr unter Beweis zu stellen und „bei dieser Gelegenheit [...] sehr ins Allgemeine" (209) zu gehen. Diese Bemerkung ist wiederum charakteristisch für Flint, der sein Augenmerk immer aufs Allgemeine richtet, um seine Inkompetenz im Einzelfall zu kaschieren. Diese Eigenschaft erinnert an den Vorwurf, den Kierkegaard den Ethiker B am Beginn des zweiten Teiles von *Entweder-Oder* dem Ästhetiker A machen läßt: „Du bist allzu erfahren in der Kunst, über alles ganz im Allgemeinen reden zu können, ohne davon Dich persönlich anrühren zu lassen." (GW 2/3, 5) Flint denkt auch hier wieder an seinen eigenen Vorteil, auch wenn er nach außen hin die Sache Bernhardis zu vertreten vorgibt.

Es ist die Dekadenz des politischen Systems – fleischgeworden in der Person Flints –, welche den Schützer des Lebens, Bernhardi, letzlich zu Fall bringt. Auch in diesem Stück setzt der Dialektiker Schnitzler die beiden Positionen von dekadentem Verfall der Moral und dem Wert des Lebens zueinander in Beziehung. Nur ist der dekadente Verfall nun nicht mehr die Tragödie eines einzelnen Individuums wie noch in *Sterben* und *Der Schleier der Beatrice*, sondern reißt Unschuldige mit in den Abgrund.

Mit welchen menschenverachtenden Mitteln in der Politik gearbeitet wird, macht der Wortlaut der Interpellation deutlich, der an mehreren Stellen sachliche Unwahrheiten enthält, die Bernhardi in ein negatives Licht rücken. An dieser Stelle des Stückes wird sein politischer Aspekt besonders deutlich.

Ein anderer Einfall Schnitzlers läßt die rein politisch motivierte Handlungsweise der Bernhardi-Gegner hervortreten. Die Sitzung des Kollegiums ist insgesamt analog zum typischen Ablauf damaliger Parlamentssitzungen gestaltet. Immer wieder werden Ansätze zu vernünftiger Diskussion von Seiten der klerikalen und deutschnationalen

Kräfte einfach durch Unruhe gestört und unmöglich gemacht. So ist in den Regieanweisungen mehrfach von „*Unruhe*" die Rede. (223ff.) Beschreibungen der Atmosphäre im Wiener Parlament sind voll von solchen bewußten Unruhestiftungen:

> Wohl nie in der Geschichte gab es ein Parlament, in dem derartiger Streit herrschte wie im k.k. Reichsrat, in der kurzen Zeitspanne vom Sommer 1907 bis zum März 1914, als das Haus wegen Arbeitsunfähigkeit geschlossen wurde.[148]

Der alte Pflugfelder ist derjenige, der dies eindeutig formuliert: „Kindische Parlamentsspielerei!" (234) Doch er muß erkennen, daß die alten, ursprünglichen Werte nichts mehr zählen, so sehr er auch in einer letzten Aufwallung von Kampfgeist daran appellieren mag:

> Und gäbe es nicht Strebertum, Parlamentarismus, menschliche Gemeinheit – Politik mit einem Wort, wäre es jemals möglich gewesen, aus diesem Fall eine Affäre zu machen? Nun, meine Herren, es ist geschehen, denn es gibt Streber, Schurken und Tröpfe. [...] Welche Verblendung treibt Sie dazu, diesen jämmerlichen Schwindel mitzumachen [...] und aus kleinlichen Rücksichten der Tagespolitik einen Mann im Stich zu lassen, der nichts weiter getan hat als das Selbstverständliche! (240f.)

Es ist leicht zu erkennen, daß Schnitzlers eigene – bereits zitierte – Ansichten über Politik bei diesen Worten Pflugfelders Pate gestanden haben. Ganz deutlich wird hier noch einmal formuliert, daß dem Leben auf Grund politischer Implikationen sein grundlegender Wert genommen wird.

Der den vierten Akt abschließende Auftritt des Journalisten Kulka zeigt noch einmal, wo der grundlegende Konflikt des Dramas liegt. Kulka will, im Namen seiner Zeitung, Bernhardi zum politischen Vorkämpfer der liberalen Sache machen. Genau das jedoch ist es, was dieser um jeden Preis verhindern möchte. Hatte er schon die in Telegrammen zum Ausdruck kommende Anteilnahme abgelehnt („Und dagegen kann man nichts machen?" (263)), so macht er Kulka gegenüber endgültig deutlich, wo sein Standpunkt zu verorten ist: „Verzeihen Sie, ich bin kein Bundesgenosse. [...] Das kommt Ihnen heute so vor. Meine Angelegenheit ist eine rein persönliche." (266) Die Antwort Kulkas verweist auf das Dilemma, in dem Bernhardi sich befindet, welches er aber nicht anerkennen kann und will: „Manche persönliche Affären tragen eben den Keim von politischen in sich." (ebd.)

Bernhardi selbst, darin liegt das Tragikomische seiner Person, glaubt bis zuletzt, sich aus dem politischen Geschäft heraushalten zu können: „Ich will meine Ruhe haben! [...]

---

[148] Hamann, Brigitte: Hitlers Wien. Lehrjahre eines Diktators. 3. Auflage. München: Piper 1996. S. 171.

Ich habe genug. Für mich ist diese Angelegenheit erledigt." (289) Obwohl er in seinem Innern genau weiß, daß Widerstand gegen die politischen Kräfte der Zeit notwendig wäre, ist es ihm unmöglich, dies mit seinem Selbstverständnis als Arzt und Wissenschaftler zu vereinbaren. Darüber hinaus führt Schnitzler mit der Person Bernhardis deutlich vor, daß es am Ende des Liberalismus für den Einzelnen unmöglich geworden ist, die Autonomie des Individuums gegen die rohen Massen zu wahren. Bernhardi genügt es letztendlich, daß „die Leute allmählich drauf kommen, daß ich recht gehabt habe." (293) Bernhardi wählt damit bewußt eine Position, die er als Intellektueller als einzige Reaktionsmöglichkeit erkennt: die des „schützenden Schweigens". Er nimmt sich selbst im Sinne der „praefatio" zu Kants *Kritik der reinen Vernunft* zurück: „De nobis ipsis silemus."[149] Das Schweigen von der eigenen Person stellt die Sache in den Vordergrund. Bernhardi demonstriert so sein Desinteresse an persönlicher Genugtuung, das Wissen, im Sinne seiner Sache richtig gehandelt zu haben, reicht ihm aus. Aus dieser Perspektive könnte man sein Verhalten als Sieg der aufgeklärten Vernunft interpretieren, da er von vornherein weiß, daß er mit einem persönlichen Aufbegehren keine gesellschaftlichen Veränderungen herbeiführen könnte: „Weder Verzweiflung noch Hoffnung charakterisieren das Tun des Wissenschaftlers [...], sondern Sachlichkeit und ein ruhiges Gewissen."[150] Bernhardi würde demnach zu jener Schicht von Intellektuellen gehören, die Wolf Lepenies als „Menschen guten Gewissens"[151] oder mit einem Wort von Maurice Barrès als „triumphierende Intelligenz"[152] bezeichnet. Schweigen bedeutet für Bernhardi den inneren Triumph über die Geschwätzigkeit seiner Gegner; da er von der Unmöglichkeit der Verständigung zwischen den Parteien überzeugt ist, schreibt er das geplante Buch nicht, sondern zieht sich auf eine Position des Schweigens zurück, die an Zarathustra erinnert: „Daß mir niemand in meinen Grund und letzten Willen hinab sehe, - dazu erfand ich mir das lange lichte Schweigen." (Za, 192) Bernhardi möchte sich als Arzt und Wissenschaftler wieder in die Gesellschaft eingliedern, und so nach außen alte Normalität wiederherstellen. Doch seine tieferen Ansichten fallen dem Schweigen anheim. Wenn man im Sinne Nietzsches davon ausgeht, daß „Schweigen Ausdruck der Vornehmheit und Größe des Schaffenden sein [kann]", läßt

---

[149] Kant, Immanuel: Kritik der reinen Vernunft 1. 12. Auflage. Frankfurt/M.: Suhrkamp 1992. S. 7.
[150] Lepenies, Wolf: Das Ende der Utopie und die Rückkehr der Melancholie. Blick auf die Intellektuellen eines alten Kontinentes. In: Intellektuellendämmerung? Beiträge zur neuesten Zeit des Geistes. Hg. v. Martin Meyer. München: Hanser 1992. S. 15-26. hier: S. 19.
[151] Lepenies: a.a.O.. S. 19.

sich Bernhardis Verhalten als moralischer Sieg deuten. Der Wissenschaftler, der in gewissem Sinne auch ein Schaffender ist, verteidigt mit seinem Schweigen seine Position der Unabhängigkeit, die ihm Stärke verleiht: „Die Tiefe, das Wesentliche, das Entscheidende des Daseins manifestiert sich im Schweigen, in der Stille."[153] Nur in der Einsamkeit des Schweigens kann Bernhardi er selbst bleiben, stürzte er sich in die Wirren der Politik, käme das einem Selbstverlust gleich. Nietzsche läßt Zarathustra diese Gefahr im Bild des Marktes, der hier für die Politik stehen kann, aussprechen:

> Fliehe, mein Freund, in deine Einsamkeit! Ich sehe dich betäubt vom Lärme der großen Männer und zerstochen von den Stacheln der kleinen. [...] Wo die Einsamkeit aufhört, da beginnt der Markt; und wo der Markt beginnt, da beginnt auch der Lärm der großen Schauspieler und das Geschwirr der giftigen Fliegen. (Za, 54)

Diese Gedanken lassen sich durchaus auf Bernhardi beziehen, da sie von derselben äußerst kritischen Grundhaltung gegenüber politisch-gesellschaftlichen Entwicklungen geprägt sind:

> Hinter diesen Äußerungen Zarathustras steht ein Denkmodell Nietzsches, wonach das öffentliche Leben, wie es sich im Kultur- und Zivilisationsbetrieb, in der Gesellschaft, in der Politik, im Journalismus zeigt, eine Entfremdung des Menschen von seinem Selbstsein darstellt.[154]

Wenn der Mensch vom Selbstsein entfremdet ist, bedeutet das in der Konsequenz eine Entfremdung vom wahren Leben, das sich eben in diesem Selbstsein manifestiert. Der Sichtweise Bernhardis haftet jedoch gerade deshalb etwas Illusionäres an, weil sie die gesellschaftliche Realität so konsequent außer acht lassen will, dies drückt der Hofrat Winkler aus:

> Aber Herr Professor, was fällt ihnen denn ein? Vom Rechthaben ist noch keiner populär geworden. Nur wenn es irgendeiner politischen Partei in den Kram paßt, daß er recht hat, dann passiert ihm das. (293)

In der Figur des Hofrates kommt ein trauriger Realismus zum Ausdruck, dem sich der Mensch ergeben muß, um innerhalb einer Gesellschaft bestehen zu können, die ihrer allgemeinen ethischen Grundlagen nach und nach verlustig geht. Seine Ansicht, man habe nur noch die Wahl zwischen „Anarchist oder Trottel" (275) zeugt von der völligen Wertlosigkeit, die festen moralischen Überzeugungen des Einzelnen zukommt. Deshalb muß er Bernhardi, der nach wie vor von der Möglichkeit richtigen Handelns überzeugt

---

[152] Lepenies: a.a.O., S. 19.
[153] Meyer, Theo: Nietzsche. Kunstauffassung und Lebensbegriff. Tübingen: Francke 1991. S. 573.
[154] Meyer: a.a.O., S. 581.

ist, am Ende vorwerfen, wer so denke, der sei ein „Viech" (294) Allerdings ist ihm dabei nicht klar, daß es Bernhardi überhaupt nicht darum geht, populär zu werden. Hierin drückt sich der unauflösbare Konflikt zwischen dem Professor und seinen Mitmenschen aus.

Für Bernhardi zählt nur der Wert des einzelnen Menschenlebens. Mit dem Tode ist dieses beendet, auf jenseitiges Glück zu hoffen, widerspricht der rationalistischen Grundhaltung des Arztes. „Leben" ist für ihn in jedem Sinne der höchste Wert. Einmal muß er als Arzt das Leben seiner Patienten schützen, darüber hinaus gilt ihm aber auch für sein eigenes Leben der Grundsatz der individuellen Autonomie. Deswegen ist es ihm beispielsweise auch nicht möglich, das geplante Buch über die politischen Zustände zu schreiben:

> Aus der Anklageschrift gegen Flint und Genossen wurde allmählich [...] so was wie ein philosophischer Traktat. [...] Das Problem war nicht mehr österreichische Politik oder Politik überhaupt, sondern es handelte sich plötzlich um allgemein ethische Dinge, um Verantwortung und Offenbarung, und im letzten Sinn um die Frage der Willensfreiheit. (292)

Gerade die „Frage der Willensfreiheit" ist es, die für Bernhardi längst negativ beschieden ist, ohne daß dieser es wirklich gemerkt hätte. Die Autonomie des moralisch geprägten Einzellebens ist in einer rohen Vermassung aufgegangen, es gilt das Recht des Stärkeren und nicht Grundsätze ethischen Handelns. Darüber hinaus macht sich im Verzicht auf das Buch auch eine mit der Schweigeproblematik zusammenhängende radikale Sprachskepsis bemerkbar, wie sie in Schnitzlers Werk häufig anzutreffen ist[155] und überhaupt ein wichtiger Topos der Jahrhundertwendedichtung und -philosophie ist. Sprache, so hat Bernhardi erkannt, wäre nicht in der Lage, auszudrücken, worum es ihm wirklich geht. Daher ist es besser, zu schweigen.

Bernhardi geht es genau darum, das Gewissen des jungen Mädchens nicht mehr zu belasten und sie ein letztes Mal Freude am Leben verspüren zu lassen. Die Figur Bernhardi wird dadurch komisch im Sinne der Charakterkomödie, als die Schnitzler sein Stück selbst bezeichnet hat (vgl.: Briefe II, 1), daß sie hohe moralische Gesinnung und Unfähigkeit zur Erkenntnis notwendigen Handelns in sich vereinigt. Tragisch wäre Bernhardi dann zu nennen, wenn er seine moralische Gesinnung, gerade unter dem Blick auf die politischen Verhältnisse, aktiv zu verteidigen suchte und dabei scheiterte. Er zieht sich jedoch auf seine Person zurück und gibt der ethischen Haltung somit einen

Anstrich von reinem Subjektivismus. Darin liegt die Problematik der Entscheidung zum Schweigen. Diese Sichtweise drängt ihn letztlich sogar in die Nähe Flints, dessen Existenz eine vollkommen ästhetische im Sinne Kierkegaards ist. Flint läßt jede seiner Handlungen von den Anforderungen des Augenblicks bestimmen und entzieht sich dadurch moralischer Verantwortung für seine Taten:

> Der ‚Augenblick', eine für Kierkegaard in verschiedenen Kontexten zentrale Kategorie, erscheint [...] als die Zeit negierende Dimension einer Sinnlichkeit, die ethisch nicht belangt werden kann, weil sie Zeit schlechthin suspendiert.[156]

In diesem Sinne fühlt Flint sich weder für den Tod Engelbert Wagners verantwortlich („Darum [...] habe ich den Diurnisten Engelbert Wagner sterben lassen, und ich fühle mich sogar außerstande, es zu bereuen." (203)), noch kann er sein plötzliches Umschwenken in der Parlamentsrede als Fehler erkennen. Seine Verhaltensweise während der Rede scheint wie einer Pervertierung des Kleist'schen Aufsatzes „Über die allmähliche Verfertigung der Gedanken beim Reden", wo es heißt: „Ich glaube, daß mancher große Redner, in dem Augenblick, da er den Mund aufmachte, noch nicht wußte, was er sagen würde."[157] Auf Flint trifft genau das zu, doch ist ihm egal, daß das Resultat der Rede ein vollkommen unmoralisches ist.

Bernhardis Nähe zu Flint liegt nun gerade darin, daß beide ihre Verantwortung für allgemeine Ziele letztlich ablehnen. Zwar ist das Leben, das Bernhardi als Arzt bis zum letzten zu schützen versucht, ein solches Ziel, doch rührt seine Motivation ausschließlich aus seinem Beharren auf seiner Autonomie als Wissenschaftler und Arzt. Schnitzler selbst verkennt das Unvermögen seiner Figur, wenn er schreibt:

> [Bernhardi] benimmt sich jedoch, ohne ein Kämpfer zu sein, jederzeit als Mann; und ohne jemals seiner Würde zu vergeben, strebt er dem seiner Natur gemäßen Ziele zu, sobald als möglich wieder als Arzt und Gelehrter leben und wirken zu dürfen. (Briefe II, 1)

Die Unmöglichkeit für Bernhardi, die Bedeutung seines Falles für die Politik, und damit auch für das Leben allgemein, zu erkennen, kann vielleicht erst mit dem historischen Wissen der nachgeborenen Generation voll wahrgenommen werden.

---

[155] vgl. so charakteristische Titel wie *Komödie der Worte*.
[156] Liessmann, Konrad Paul: a.a.O.. S. 42.
[157] Kleist, Heinrich von: Über die allmähliche Verfertigung der Gedanken beim Reden. In: Ders.: Sämtliche Werke und Briefe in zwei Bänden. Bd. 2. Hg. v. Helmut Sembdner. 2. Auflage. München: dtv 1994. S. 320.

4 Der „Wert des Lebens": Die kritischere Sichtweise im Spätwerk

Wie die vorangegangene Interpretation der drei Texte aus unterschiedlichen Schaffensphasen Schnitzlers gezeigt hat, wandelt sich die Interpretation des Lebensbegriffs fortwährend. Im abschließenden Kapitel werden die Ergebnisse dieser Arbeit durch die Einbeziehung eines späten erzählerischen Textes überprüft. Die Interpretation von *Therese. Chronik eines Frauenlebens* soll die Perspektive des alternden Autors verdeutlichen und die Entwicklungslinie vom Früh- zum Spätwerk vollständig aufzeigen.

Wie sich gezeigt hat, zählt Schnitzler nicht zu den Autoren, in deren Werken sich eine direkte poetische Umsetzung der Lebensphilosophie im engeren Sinne nachweisen läßt. So verweist etwa Bollnow im Kapitel „Die Dichter der Jahrhundertwende" lediglich auf Hofmannsthal und Rilke[158], betont aber, Verbindung mit lebensphilosophischen Positionen bestünde vor allem bei Dichtern, „die von der Todesfrage betroffen werden."[159] Gerade diese Bemerkung läßt die Brücke zu Schnitzler recht leicht spannen. Schließlich ist es immer einer der Hauptvorwürfe gewesen, seine Werke handelten ausschließlich von Eros und Tod. Die Verschränkung von Leben und Tod deutet sich bei ihm in einem Aphorismus an: „Das Negative ist unserem Begriffsvermögen gemäßer als das Positive. Ebenso gewinnt Leben erst Bedeutung durch den Tod. Eines ohne das andere ist überhaupt nichts und ewiger Tod ist ein ebenso unsinniger Gedanke als ewiges Leben." Ähnlich hatte bereits Nietzsche formuliert: „Hüten wir uns, zu sagen, daß Tod dem Leben entgegengesetzt sei. Das Lebende ist nur eine Art des Toten, und eine sehr seltene Art." (FW, 127)

Auch für *Sterben* läßt sich nicht leugnen, daß der Tod in dieser Erzählung eine Hauptrolle spielt, er ist das Damoklesschwert, welches stetig über Felix und Marie schwebt und die beschriebene Phase ihrer Liebe so quälend macht. Im Laufe der Interpretation hat sich jedoch herauskristallisiert, wie stark sich in der Person Maries das Leben gegenüber dem Tod seine Berechtigung schafft. Durch die ständige Kontrastierung von Dekadenzmotivik im Zusammenhang mit Felix und dem „Ruf des Lebens", den Marie immer lauter und deutlicher vernimmt, schafft der Text eine Atmosphäre, in der dem

---

[158] vgl.: Bollnow: a.a.O.. S. 116f..
[159] Bollnow: a.a.O.. S. 116.

Leser der absolute Gültigkeitsanspruch des Wertes „Leben" klar vor Augen steht. Marie interpretiert Schopenhauers „Willen zum Leben" als ganz elementare Lebenssehnsucht, wenn sie nach und nach ihrem inneren Gefühl nachgibt, welches sie vom kranken Felix wegtreibt. Doch Schnitzler verzichtet bewußt darauf, die Konsequenz Schopenhauers – die Verneinung dieses Willens aus dem Geist der Mitleidstheorie – nachzuvollziehen. Marie empfindet natürliches Mitleid für Felix, doch führt sie dieses Mitleid nicht zur Verneinung des „Willens zum Leben". Es ist vielmehr ein elementares Recht auf Leben, welches sie innerlich deutlich fühlt und welches nicht zufällig von Schnitzler an einer Frauenfigur festgemacht wird.

Aus der Darstellung der Frauenfiguren in seinem Werk könnte man - ohne allzu sehr auf biographische Interpretationsansätze zu setzen - vermuten, daß Schnitzler in seinem literarischen Schaffen eine mögliche Lösung der Schwierigkeiten fühlte, die er im Umgang mit den Frauen seines eigenen Lebens hatte. Die Emanzipationsbestrebungen seiner Frau Olga münden 1921 in der Scheidung der Ehe. Obwohl auch sie charakterlich viel zum Scheitern der Ehe beigetragen hat, spielt doch offensichtlich Schnitzlers Schwierigkeit mit der Gesangskarriere seiner Frau und ihren damit verbundenen steten Versuchen, eine gewisse Eigenständigkeit zu behaupten, eine wesentliche Rolle bei den immer wieder aufkommenden Streitigkeiten.

Es ist besonders beachtenswert, daß Schnitzler bereits in diesem frühen Text den Lebensbegriff anhand einer Frauenfigur entwickelt. Immer wieder zeigt sich, daß die beginnenden Emanzipationsbestrebungen der Frau um die Jahrhundertwende im Kontrast zu den verfestigten patriarchalischen Strukturen besonders gut geeignet sind, um einen emphatisch angehauchten Lebensbegriff zu entwickeln. Deutlich zeigen läßt sich das beispielsweise anhand des Schlusses von Schnitzlers frühem Drama *Märchen*, das in der ersten Fassung von 1891 stammt, 1894 in einer zweiten Fassung vorliegt und schließlich erst 1902 seine heutige Form erhält. Der wesentliche Unterschied der drei Fassungen liegt dabei in der Gestaltung des Schlusses. Deutlich ist dabei zu erkennen, wie Schnitzler von Version zu Version die pathetische Rolle des Décadents Fedor Denner zurücknimmt und das Gewicht auf die dem Leben zugewandte Entscheidung der Fanny Theren legt. Fedor Denner kommt in diesem Stück die Rolle eines klassischen Décadent zu. Seine großartig vorgetragene Erkenntnis, es sei Zeit, „daß wir es aus der Welt schaffen, dieses Märchen von den Gefallenen" (DW 1, 220), stellt sich schnell als reine Attitüde heraus. Der Maler Robert Well beschreibt die Sorte Mann, der nicht nur Fedor Denner, sondern eben auch Felix, angehört, treffend mit dem Ausdruck „Übergänglinge":

> Die Männer, die schon das Wahre ahnen, aber selbst eigentlich den Mut ihrer Überzeugung nicht haben – Männer, die sich in ihren tieferen Anschauungen schon als neue Menschen fühlen, die aber mit ihrem äußeren Wesen noch unter den alten stehen – ja, ja, Männer, die sehr gut wissen, daß die Kunst uns das Wahre schildern sollte – und, hm, hm, kleine, zarte Novellen für Familienblätter schreiben. (DW 1, 209)

War Fanny Theren noch in der ersten Fassung nach der Enttäuschung durch Denner in großer Verzweiflung zusammengebrochen, so trägt sie in der endgültigen Version ihr Schicksal nicht nur mit Würde, sondern entwickelt bereits eine eigene Lebensperspektive, indem sie den Vertrag mit dem Agenten Moritzki unterschreibt und ihre Zukunft somit selbst in die Hand nimmt. Die Schlußworte zu ihrer Schwester können programmatisch für viele Frauenfiguren in Schnitzlers Werk stehen: „Sei unbesorgt, Klara. Jetzt ist alles in Ordnung – ich kenne meinen Weg." (DW 1, 278) Damit wird die Erkenntnis einer Frau, daß ein Aufbruch in neue Gesellschaftsstrukturen möglich ist, deutlicher formuliert, als das in vielen zeitgenössischen Werken der Fall ist. Die Weg-Symbolik macht zwar klar, daß das Ziel noch weit entfernt ist, doch es kann keinen Zweifel geben, daß dieses Ziel nur ein individuell gelebtes und gefühltes, somit glückliches Leben sein kann.

Worauf zur gleichen Zeit im *Anatol* auf komödiantische Weise angespielt wird, in *Sterben* wird es offenbar: der höchste Wert ist das Recht des autonomen Individuums auf das diesseitige Leben, es ist in diesem Sinne zu den „Absoluten Gütern" zu zählen und steht in der mehrfach erwähnten Aufzählung Schnitzlers nicht zufällig an erster Stelle. „Gesundheit" und „Liebe" können nur vom „Leben" geschaffene Werte sein. Felix ist von Krankheit gezeichnet, seine Liebe zu Marie ist in Wirklichkeit nur Eigenliebe, damit hat er letztendlich auch das Leben verspielt. Sein Lebensbegriff ist immer ein Konstrukt seines dekadenten Geistes gewesen, daher findet er auch keinen Zugang mehr zu Marie.

Die letztlich optimistische Haltung zum Leben, die Marie die Kraft gibt, Felix alleine sterben zu lassen, zeigt sich bei Fanny Theren ebenso wie etwa bei Anni aus dem *Anatol*-Einakter *Abschiedssouper*. Auch sie hat die Verlogenheit der geltenden Moral längst klar erkannt und nimmt sich einfach ihrerseits das Recht, Anatol zu verlassen, um selbst für das Glück in ihrem Leben zu sorgen.

Während der auf die Veröffentlichung von *Sterben* folgenden Jahre differenziert Schnitzler den Lebensbegriff weiter aus. Die Novelle *Die Toten schweigen* verweist dabei bereits auf ein Motiv aus *Der Schleier der Beatrice*, die betrügerische Ehefrau kann den Tod des Geliebten verleugnen und ungestraft ins Leben zurückkehren. Auch hier findet sich die Weg-Symbolik:

> und dann steht sie einen Augenblick still, sieht vor sich hin und kann den grauen Weg ins Dunkle hinein verfolgen. Dort – dort ist die Stadt. Sie kann nichts von ihr sehen ... aber die Richtung ist ihr klar. (EW 2, 170)

Auch wenn der Weg nicht zu erkennen ist, die Richtung, welche die Protagonistin einschlagen muß, kann nur die sein, die zum Leben führt. Unabhängig von der moralischen Fragwürdigkeit ihres Handelns, wird auch hier der Begriff Leben mit der eigenständigen Entscheidung einer Frau verknüpft.

War die Figur der Marie in *Sterben* noch frei von Kritikwürdigkeit, so gestattet Schnitzler in den Erzählungen und Dramen dieser Jahre doch immer wieder auch einen recht kritischen Blick auf die Begleitumstände, die die teils emphatische Lebensbejahung seiner Figuren mit sich bringt. Im *Schleier der Beatrice* wird diese Emphase dann bis ins Extrem gesteigert und mit Beatrices Heraustreten aus dem Zustand der Präexistenz in ein bewußtes Leben gleichsam dekonstruiert. An diesem Stück läßt sich damit auch eine kritische Form der Nietzsche-Rezeption Schnitzlers konstatieren. Nietzsches Sichtweise der Renaissance zielte schließlich auf die Betonung des Kraftvollen und der hohen Entwicklung: „In der neueren Zeit hat die italienische Renaissance den Menschen am höchsten gebracht." (UW II, 263) Was sich bei Nietzsche allerdings ebenfalls bereits andeutet und vom Dialektiker Schnitzler in seinem Drama schließlich vorgeführt wird, ist die Ambivalenz dieser Zeit. So schreibt Nietzsche:

> Ein guter Räuber, ein guter Rächer, Ehebrecher – das zeichnete das italienische Mittelalter und die Renaissance aus, sie hatten den Sinn für Vollständigkeit. (UW II, 148)

Der positiv gesehene „Sinn für Vollständigkeit", der an romantische Ganzheitsvorstellungen erinnert, wird hier ausschließlich in Verbindung mit negativ konnotierten Menschentypen gebraucht.

In Schnitzlers Stück trifft diese Charakteristik sowohl auf den Herzog als auch auf Beatrice zu. Lionardo Bentivoglio ist ganz der starke Renaissancefürst, der eine ungebrochene Persönlichkeit demonstriert, diese jedoch nur auf Kosten seiner Gegner ausleben kann.

Beatrice erkennt am Schluß, daß ihre Handlungsweise, die sich nur dem Leben verpflichtet fühlte, Menschen den Tod gebracht hat. Deswegen ist ihr eigener Tod unerläßlich, auch wenn er durch eine Figur herbeigeführt wird, deren Beweggründe mindestens genauso zweifelhaft sind. In der Gestaltung dieser Abschlußszenen zeigt sich offen Schnitzlers Erkenntnis der Relativität aller dogmatischen Ansprüche. Jeder Absolutheitsanspruch, sei es die totale Lebenssehnsucht Beatrices, der bürgerliche Ehrbegriff Francescos oder der Machtanspruch des Herzogs, tragen den Keim von Unrecht in sich und beweisen damit ihre Unbrauchbarkeit für einen wirklich sinnvollen Lebensbegriff.

Aus dieser Erkenntnis heraus wird auch plausibel, warum sich bei Schnitzler keine eindeutige Rezeption etwa von Nietzsches Philosophie zeigen läßt. Dessen in ihrer Radikalität leicht mißzuverstehenden Thesen haben ihrerseits eine Tendenz zum Dogmatismus und zur Mißachtung ethischer Grundsätze. Diese Tendenz mußte dem sozialen Anliegen Schnitzlers verdächtig sein. Selten gibt es bei ihm Figuren, die offen der Lächerlichkeit preisgegeben werden, selbst in den frühen Werken, in denen oberflächlich betrachtet stark typisiert wird, spielt die Psychologie jeder einzelnen Figur bereits eine wichtige Rolle, macht ihre jeweilige Handlungsweise bei genauerem Hinsehen verständlicher, zeigt damit jedoch auch schonungslos die positiven und die negativen Seiten eines Charakters.

Mit zunehmender schriftstellerischer Reife verstärkt sich diese Tendenz, in der Titelfigur des *Professor Bernhardi* erfährt sie höchste Verdichtung. Die Infamie, die die Handlungsweise der Gegner Bernhardis bestimmt, könnte dazu verleiten, aus ihm einen klassischen tragischen Helden zu machen. Doch Schnitzler schreibt bewußt eine Komödie, denn auch Bernhardi handelt letztlich nur eingeschränkt sozial. Der Lebensbegriff wird in diesem Stück auf dreifach verschiedene Weise behandelt. Das letzte Lebensglück der todkranken Patientin ist im vordergründigen Bewußtsein Bernhardis seine Handlungsmotivation, die somit eine zutiefst moralische ist. Doch zugleich steckt sowohl in der Konfrontation mit dem Pfarrer als auch im Streit mit seinen politisch motivierten Gegnern ein trotziger Behauptungswille des eigenen Anspruchs auf individuelle Lebensverwirklichung. Der Wissenschaftler Bernhardi will nicht begreifen, daß auch eigentlich richtige Handlungen, negative Folgen nach sich ziehen können. Nichts anderes meint der Hofrat Winkler, wenn er am Schluß sagt:

> Wenn man immerfort das Richtige täte, oder vielmehr, wenn man nur einmal in der Früh', so ohne sich's weiter zu überlegen, anfing', das Richtige zu tun und so in einem fort den ganzen Tag lang das Richtige, so säße man sicher noch vorm Nachtmahl im Kriminal. (DW 8, 294)

Die negativen Folgen, die Bernhardis Vorgehen hat, werden von seinen Gegnern machtpolitisch genutzt. In Ebenwald oder Filitz sind die kommenden Gestalten vorgezeichnet, denen das Leben des einzelnen Menschen nichts mehr gilt (und das trotz ihres Berufes als Arzt!) und die stattdessen auf lebensfeindliche massenwirksame Parolen setzen, die letztlich nur politische Macht festigen sollen.

An der politischen Dimension des *Professor Bernhardi* läßt sich auch die Wandlung des Lebensbegriffs im Werk Schnitzlers erkennen. Der auf der Höhe seines literarischen Ruhms stehende Autor ist sich zunehmend der Komplexität der Ereignisse in der Welt bewußt geworden. Eine Erzählung wie *Sterben* kommt noch vollkommen ohne realhistorischen Hintergrund aus, im Mittelpunkt steht einzig und allein die Psychologie der Figuren. Für die Interpretation des Lebensbegriffs hat das zur Folge, daß dieser in der Figur Maries letztlich uneingeschränkt positiv gesehen und mit Hoffnungsperspektive verbunden werden kann.

Der Schleier der Beatrice bedient sich bereits eines erkennbaren politisch-historischen Hintergrunds, dieser bleibt jedoch weitestgehend Kulisse, seine Funktion erschöpft sich darin, die Intention des Stückes eingehender verwirklichen zu können. Dies gilt insbesondere für die Sicht des Lebens. Die Themen Lebensgier und Todessehnsucht treten vor dem Hintergrund des Renaissancestückes besonders gut hervor. Trotzdem bricht hier bereits an verschiedenen Stellen Schnitzlers Erkenntnis hervor, daß die Zeitumstände größeren Einfluß auf das Leben des Einzelnen haben als das auf seine Autonomie pochende Subjekt wahrhaben möchte. Die erwähnte Passage aus dem vierten Akt, die Rückschlüsse auf Schnitzlers Geschichtsverständnis zuläßt, ist ein Zeichen für die Bedeutung, die dem Einfluß des historischen Prozesses auf das Leben der Figuren nun zukommt.

Mit dem *Professor Bernhardi* wird die Perspektive Schnitzlers pessimistischer. Bernhardi glaubt an die Möglichkeit des Subjekts, den Wert des individuellen Lebens als absolut setzen und gegen alle Angriffe von außen schützen zu können. Doch belehren die Zeitumstände ihn eines besseren. Der Lebensbegriff Schnitzlers ist in diesem Stück erheblich komplexer angelegt als in *Sterben* oder im *Schleier der Beatrice*.

Mit dieser Erkenntnis gewinnt die Sichtweise Schopenhauers wieder an Aktualität. Es stellt sich die Frage, ob angesichts der widerstrebenden Umstände nicht die Verneinung des Willens zum Leben eine Lösungsmöglichkeit für das Individuum darstellt. Die Betrachtung des Romans *Therese. Chronik eines Frauenlebens*, welcher in dieser Arbeit die Spätphase des Werkes repräsentiert, muß auch unter diesem Blickwinkel stattfinden.

Mit dem Jahr 1912 - dem Erscheinungsjahr des *Professor Bernhardi* - gehen im Leben Schnitzlers verschiedene Ereignisse einher. Künstlerisch befindet er sich auf einem Höhepunkt, neben Gerhart Hauptmann gilt er als der zeitgenössische deutschsprachige Dramatiker schlechthin, seine finanzielle Situation ist gefestigt wie nie zuvor. Werkgeschichtlich gesehen läßt der Tod des Berliner Theaterdirektors Otto Brahm den Dramatiker Schnitzler weitgehend verstummen. Das Verhältnis zwischen Schnitzler und Brahm war von einer Art Kongenialität geprägt. Während die Beziehung zum Wiener Burgtheater immer äußerst problematisch und von vielen Streitereien und Schwierigkeiten behindert war, wirkte die Person Brahms auf den Schriftsteller Schnitzler geradezu befruchtend, der intensive Briefwechsel beider bis zum Tode Brahms macht das sehr deutlich. Das Spätwerk ist somit überwiegend von erzählerischen Texten geprägt, *Fräulein Else* und die *Traumnovelle* gehören zu den bekanntesten. Unter ihnen befindet sich aber auch der zweite Roman Schnitzlers. 1908 war mit *Der Weg ins Freie* sein erster Roman erschienen, der – vier Jahre vor *Professor Bernhardi* – bereits das Thema Antisemitismus intensiv reflektiert. 20 Jahre später, nachdem sich Schnitzler über Jahre immer wieder damit befaßt hatte[160], erscheint der Roman *Therese. Chronik eines Frauenlebens*. Der Untertitel verweist bereits auf die gattungsgeschichtliche Einordnung, die Schnitzler diesem Werk selbst zugedacht hatte. Tatsächlich handelt es sich um die chronologische Beschreibung des Lebens von Therese Fabiani, deren insgesamt unspektakuläres Dienstmädchenleben mit einem Tod endet, der als sinnlose Konsequenz eines ebenso sinnlosen Lebens erscheint. Zwar ist die literarische Bedeutung des Romans auf Grund seiner sprachlichen Schlichtheit oft verkannt worden, doch läßt er

---

[160] 1889 hatte Schnitzler eine kurze Erzählung mit dem Titel *Der Sohn. Aus den Papieren eines Arztes* verfaßt, die das Vorbild für das Schlußkapitel der *Therese* ist. Dieser Stoff ruhte dann etliche Jahre, muß Schnitzler aber so beschäftigt haben, daß er am 27.10.1924 (Tgb., 27.X.1924: „Dictirt ‚Therese' (der Sohn) neu begonnen") wieder mit der Arbeit daran beginnt und schließlich den Roman eines Dienstmädchenlebens davon macht.

sich in die Tradition literarhistorisch bedeutsamer Dienstmädchenromane des ausgehenden 19. und beginnenden 20. Jahrhunderts einordnen.[161]

Das Dienstmädchenwesen der Zeit bietet für Schnitzler den historischen Hintergrund, auf dem der Lebensbegriff eine pessimistische Interpretation erfährt. Immer wieder erfährt Therese Demütigung, muß ihre ureigenen menschlichen Bedürfnisse nach Wärme und Liebe zurückstellen, so daß sie diese im Laufe der Zeit fast mechanisch vor sich selbst verleugnet. Interessanterweise bringt eine Bemerkung Hofmannsthals über den Roman den lebensphilosophisch so bedeutsamen Begriff des Erlebnisses ins Spiel:

> Die große Lebenserzählung Therese aber hat mich besonders gefesselt und beschäftigt. [...] Ganz besonders groß aber tritt ihr Vorzug, einem Stoff den Rhythmus zu geben, wodurch er Dichtung wird, hier hervor. Eben was dem stumpfen Leser monoton scheinen könnte, daß sich sozusagen die Figur des Erlebnisses bis zur beabsichtigten Unzählbarkeit wiederholt, das hat Ihnen ermöglicht, Ihre rhythmische Kraft bis zum Zauberhaften zu entfalten.[162]

Zweierlei deutet sich in diesem Urteil an. Erstens ist implizit die – bis heute – zurückhaltende Aufnahme des Romans als Kunstwerk angesprochen. Diese wird jedoch gerade durch die Gleichmäßigkeit der Erzählweise hervorgerufen, die der formsichere Hofmannsthal als das Großartige an dem Roman empfindet. Was er „Figur des Erlebnisses" nennt, ist das, was im Sinne Diltheys für Therese das Leben bereichern, es für sie fühlbar machen müßte. Dieser Erlebnisbegriff geht jedoch von der Singularität jedes einzelnen Erlebnisses aus. Doch die absolute Gleichartigkeit aller Erlebnisse ist für Therese schließlich nur noch ermüdend und entfernt sie letztendlich mehr von einem glücklichen Leben, als sie diesem näherzubringen.

Für Therese hat das Leben keine Höhen und Tiefen, es läuft mit grausamer Zwangsläufigkeit dem Abgrund entgegen und ist dem menschlichen Einfluß überhaupt entzogen:

> Ist das alles nur ein Traum? dachte sie flüchtig, [...] Wieviele Sonntage seit jenem, dachte Therese! wie viele Paare haben sich seither gefunden, wieviel sogenannte selige Stunden, wie viel wirkliches Elend, wie viel Kinder seitdem, wohlgeratene und andere; und wieder einmal kam ihr die ganze Unsinnigkeit ihres Schicksals, die Unverständlichkeit des Lebens überhaupt niederdrückend zu Bewußtsein. (EW 12, 191f.)

Sinn und somit Wert vermag Therese im Leben nicht mehr zu sehen. Zu stark ist das Gefühl der Fremdbestimmung ausgeprägt. Sie hat ihr Leben früh aus der Hand gegeben,

---

[161] Dabei ist vor allem an die viktorianische Tradition zu denken, aus der etwa Charlotte Brontës *Jane Eyre* bzw. der Roman ihrer Schwester Anne, *Agnes Grey*, hervorgingen. Auch die Figur der Becky Sharp aus William Thackerays *Vanity Fair* gehört in die Reihe der Gouvernanten von weltliterarischer Bedeutung.

[162] Hofmannsthal – Schnitzler: Briefwechsel. a.a.O.. S. 308f..

hat vor der Unmöglichkeit kapituliert, ihre eigenen Ideale mit den sozialen Umständen in Einklang zu bringen. Zwar ist am Beginn noch von einem „offenen, neugierigen Blick für alles" (EW 12, 19f.) die Rede, doch zeigt sich schon hier versteckt Thereses Gefühl für die Aussichtslosigkeit ihres Lebens, etwa wenn sie mit Alfred Nüllheim über Zukunftspläne redet: „[Sie] plauderten von einer Zukunft, an die Therese nicht glaubte." (EW 12, 22)

Diese Einstellung ist bestimmend für Thereses kompletten Lebenslauf. Nie wird sie sich durchringen, ihrem Leben eine Wendung zu geben, die wenigstens materielle Sicherheit bedeuten würde. So ist es ihr beispielsweise innerlich ganz recht, daß sich die Hochzeit mit Wohlschein immer wieder verschiebt. Das 95. Kapitel, in dem sie von Wohlscheins Tod erfährt, gestaltet ihre völlige Indifferenz gegenüber Leben und Tod:

> Da lag er also, tot und so allein, wie nur Tote sind. Therese spürte nichts als Scheu und Fremdheit, immer noch keinen Schmerz. Gern wäre sie niedergekniet, irgend etwas hielt sie davon ab. [...] Hätte sie nicht einen Blick auf das Antlitz des Toten tun sollen? Aber sie wünschte sich gar nicht, sein Gesicht noch einmal zu sehen – dieses etwas feiste, glänzende Gesicht; sie hatte eher Angst davor. (EW 12, 268)

„Scheu und Fremdheit" sind die Gefühle, welche die Figur Therese im Verlauf des Romans ausmachen. Sie ist dem Leben gegenüber entfremdet, alles, was sie in Angriff nimmt, ist sofort zum Scheitern verurteilt, weil sie sich diesen äußeren Dingen gar nicht zugehörig fühlt. Zwar ist in der Tat „Arbeit – die einer Frau und die um Lohn – nicht Nebensache oder sozialer Rahmen des Romans, sondern zentrales Thema."[163] Doch darf angesichts der „'sozialen' Note" (Tgb., 19.IX.1924), die der Roman in erheblichem Maße besitzt, die Psychologie der zentralen Figur nicht vollkommen vernachlässigt werden. Auch wenn die freudlosen Lebensumstände von Gouvernanten um die Jahrhundertwende das Geschehen des Romans und damit das Leben Thereses stark prägen, so ist doch in der individuellen Figur eine Zwangsläufigkeit angelegt, die ihr auch vor anderem sozialen Hintergrund zu schaffen machen würde. Nicht zu unrecht bemerkt Wolfram Kiwit: „Die selbstkritischen Gefühle der Protagonistin verweisen mit Beginn jener Lebensphase der 'ewigen Wiederkehr' auf die Interdependenz der sozialen und

---

[163] Dangel, Elsbeth: Wiederholung als Schicksal. Arthur Schnitzlers Roman „Therese. Chronik eines Frauenlebens". München: Fink 1985. S. 17

individuellen Ursachen für das sich wiederholende Scheitern."164 Deswegen ist auch der Tod Thereses nicht unmotiviert und künstlich herbeigeführt:

> Die düsteren Schlußkapitel des Romans unterliegen einer erzähllogischen Konsequenz, die das Ende, das der Heldin zugedacht ist, vorbereiten. Nicht als jäher Abbruch, als unvermittelter Schlußstrich unter eine unabgeschlossenen Lebensrechnung erscheint der Tod der Hauptfigur, sondern als einzig möglicher Beschluß, zu dem eine Hinführung von langer Hand vonnöten ist. Die Düsternis [...] entsteht durch die erzählerische Engführung des Geschehens auf den Tod hin, wodurch dieser erst unausweichlich wird.[165]

Thereses Verhalten hat durchweg etwas Unwirkliches. Bestärkt wird dieser Eindruck durch ihre Gedanken bei der Geburt ihres Sohnes Franz, die ihre innere Orientierungslosigkeit deutlich zum Ausdruck bringen:

> Was soll ich denn jetzt mit dir? Soll ich mit dir in der Welt herumziehen? [...] Und ich habe dich ja schon drei- oder viermal umgebracht, bevor du da warst. Was soll ich denn mit einem toten Kind ein ganzes Leben lang? Tote Kinder gehören ins Grab. [...] Ich will dich nur fest anschauen, damit du weißt, daß du tot bist. [...] Ich deck' dich gut zu, daß dir nichts weh tun wird. Da unter dem Kissen schläft sich's gut, stirbt sich's gut. [...] Adieu, mein Kind. [...] Ich bin nicht die rechte Mutter für dich. Ich verdien' dich ja gar nicht. Du darfst nicht leben. [...] Gute Nacht, gute Nacht... (EW 12, 110f.)

Am Ende des Romans weist der Staatsanwalt Alfreds Verteidigungsversuch für Franz, der auf diesen Gedanken Thereses im Moment der Geburt aufbaut, zurück:

> Der Staatsanwalt bemerkte mit nachsichtigem Spott, daß der Angeklagte jene erste Stunde seines Daseins wohl kaum im Gedächtnis bewahrt haben dürfte, und sprach sich im allgemeinen gegen gewisse, sozusagen mystische Tendenzen aus, die man [...] zur Beugung des Rechts auszunützen versuche. (EW 12, 303)

Therese sind innerlich die Maßstäbe für Leben und Tod verloren gegangen, daher ist sie für diese „mystischen Tendenzen" immer anfällig gewesen und empfindet letztlich sogar ihren Tod durch die Hand ihres Sohnes als gerechte Strafe.

Der Roman zeigt eine Mischung von individueller Indifferenz der Hauptfigur gegenüber dem Leben und der zusätzlichen Schwierigkeit, auf Grund ihrer sozialen Stellung ein lebenswertes Leben zu führen. Beides zusammen ergibt für diesen späten Prosatext Schnitzlers eine Sicht des Lebens, die von tiefer Skepsis bis hin zu echtem Pessimismus geprägt ist. Dementsprechend muß an dieser Stelle Reinhard Urbach widersprochen werden, der in seinem Kommentar zu den Schriften Schnitzlers meint:

> Immer breiteren Raum gewinnt im Spätwerk Schnitzlers die Hoffnung. Die Lösung von Problemen einsamen und gemeinsamen Lebens – und sei sie noch so vorläufig, noch so empfindlich balanciert, noch so wenig stabil –, sie wird gesehen und versucht. Die Erwachenden

---

[164] Kiwit, Wolfram: "Sehnsucht nach meinem Roman". Arthur Schnitzler als Romancier. Bochum: Winkler 1991. S. 134.
[165] Dangel: a.a.O.. S. 183.

beginnen ihr eigenes Leben zu leben, ohne sich den moralischen und konventionellen Zwängen zu unterwerfen, die sie früher gehemmt und beengt hätten.[166]

Der Begriff der „Hoffnung", der in *Sterben* noch mehrfach an prägnanter Stelle auftauchte (vgl. Kapitel 3.2), und sich dort eindeutig mit der Sehnsucht nach Leben verband, hat in *Therese* jegliche Bedeutung verloren. Es gibt im Leben dieser Figur keine echte Hoffnung auf ein glückliches Leben. Somit sind nun auch die lebensbejahenden Postulate der Lebensphilosophie obsolet geworden. Weder ist das Leben für Therese, wie es Zarathustra formuliert, „ein Born der Lust" (Za, 103), noch gilt für sie Maxime: „Irrtümer oder Wahrheiten, – wenn nur Leben mit ihnen möglich war!" (UW II, 39) Irrtümer und Wahrheiten bestimmen Thereses Leben fortwährend, doch ist gerade deswegen nur der Tod die logische Konsequenz für sie.

Die Figur der Wiederholung, die den Roman so dominierend bestimmt, hat auch nichts mehr vom Begriff der Wiederholung, wie er noch bei Kierkegaard definiert war. Dort bedeutet dieser Kontinuität, die dem Leben positiven Sinn gibt, „die Wiederholung [macht], falls sie möglich ist, den Menschen glücklich." (GW 5/6, 3) Für ein gutes Leben ist sie unerläßlich: „Ja, gäbe es keine Wiederholung, was wäre dann das Leben?" (GW 5/6, 5) Die Wiederholungen in Thereses Leben haben etwas Mechanisches, Unreflektiertes, sie sind eine rein äußere Gleichheit der Ereignisse. Statt einem positiven Gefühl von Dauer und Beständigkeit entsteht somit für Therese lediglich das tödliche Gefühl der Monotonie und der Sinnlosigkeit.

Der letzte Prosatext, den Schnitzler vor seinem Tode noch veröffentlichen konnte, trägt einen für das Spätwerk charakteristischen Titel: eine *Flucht in die Finsternis* ist vielleicht das Letzte, was dem Menschen angesichts der Entfremdung vom wahren Leben noch bleibt. Auch die Selbstmorde Elses in *Fräulein Else* sowie Wilhelms in *Spiel im Morgengrauen* können in diese Richtung gedeutet werden. Bei Else kommt noch die Sehnsucht nach einer Rückkehr in den Zustand der Präexistenz dazu, die im Erinnern glücklicher Kindheitsphasen zum Ausdruck kommt, während die Überdosis Veronal zu wirken beginnt. Gerade die Figuren des Spätwerkes sind bei Schnitzler nicht in der Lage, ihre individuellen Bedürfnisse mit dem äußeren Leben in Einklang zu bringen und scheitern daher an diesem. Gleichzeitig ist dieses Scheitern meistens mit den sozialen und historischen Umständen gekoppelt.

---

[166] Urbach: a.a.O.: S. 35.

Zwei Erkenntnisse können aus den Ergebnissen dieser Arbeit gezogen werden. Es konnte gezeigt werden, daß der in der Literatur der Jahrhundertwende so zentrale Begriff des Lebens auch im Werk Arthur Schnitzlers eine wichtige Rolle spielt, die bisher meistens nur am Rande erwähnt wurde. Schnitzlers Figuren befinden sich hinsichtlich des Lebensbegriffs in einem ständigen Zwiespalt. Zum Einen besteht ein Gefühl der Isolierung welches eine Ästhetisierung des Lebens notwendig macht. Dieses Gefühl kommt in den dekadenten Figuren wie Felix und Filippo Loschi zum Ausdruck. Solche Figuren demonstrieren auf literarischer Ebene, was Kierkegaard mit „ästhetischer Existenz" meint.

Zum Anderen bricht immer wieder ein Gefühl der Lebensbejahung hervor, welches das eigene Leben auch – im Sinne der „ethischen Existenz" – mit dem Allgemeinleben in Zusammenhang bringt. Positiv fühlbar wird das Leben für das einzelne Individuum dabei oft durch das Erlebnis. Dieses Erlebnis darf jedoch nicht zum Selbstzweck verkommen und sich auf eine jeweils isolierte Stimmung des Augenblicks beziehen. Damit verlöre es den Kontakt zum Fluß des Lebens.

Neben der allgemeinen Bedeutung, die der Begriff des Lebens bei Schnitzler hat, läßt sich aber auch eine Tendenz in der Bewertung ersehen. Zwar bleibt das Leben für Schnitzler fortwährend „Absolutes Gut", doch wird im Laufe des Œuvres die Möglichkeit, das echte und wahre Leben zu leben, immer stärker in Zweifel gezogen. Der Niedergang des Liberalismus, der Schnitzlers Denken zu jeder Zeit bestimmt hat, das Scheitern aufgeklärten Vernunftdenkens lassen die Perspektive eher düster erscheinen. Schnitzlers Figuren können weder ihrer sozialen Umwelt noch ihren psychologischen Dispositionen wirklich entkommen. Daraus resultiert die Ablehnung von Utopien, die den Glauben an eine bessere zukünftige Gesellschaft in sich tragen. Hoffnung gibt es höchstens in Bezug auf einzelne Ausnahmemenschen, so wie es schon Kurt Pflugfelder im *Professor Bernhardi* formuliert hatte (vgl. DW 8, 166f.). Auch in Schnitzlers Aphorismen findet sich dieser Gedanke:

> Jeder Weltverbesserungsversuch, der von der Voraussetzung ausgeht, daß die Menschheit im ethischen Sinn überhaupt entwicklungsfähig oder daß sie gar ursprünglich gut sei, ist zum Scheitern verurteilt. Die Auffassung von der ursprünglichen Güte des Menschen ist durchaus sentimental, daher unfruchtbar, wenn nicht gar gefährlich, und noch törichter womöglich ist die, daß Leute, die an die Menschheit glauben, an sich schon von edlerer Art seien als solche, die keineswegs an die Menschheit, sondern nur von Fall zu Fall an den Menschen glauben. (BSB, 147f.)

Es ist somit nicht der Wert des Lebens an sich, der für Schnitzler zur Debatte steht, dieser ist für ihn unantastbar und wird gerade in einem so negativ anmutenden Text wie *Therese* an einzelnen Menschen, denen die Hauptfigur begegnet, spürbar. Optimistische Modelle menschlichen Zusammenlebens in der Zukunft erwachsen für Schnitzler daraus jedoch nicht. Die Perspektive ist im Allgemeinen durchaus skeptisch und nicht von großer Hoffnung geprägt. Letztlich kann der Wert des Lebens nur noch im privaten Umgang mit dem einzelnen Menschen erkannt werden. Das bedeutet einen bewußten Rückzug auf Innerlichkeit, wie sie sich vor allem in der Figur des Bernhardi, der das Schweigen bewußt wählt, ausdrückt.

5 Literaturverzeichnis

Verwendete Siglen:

EW= Schnitzler, Arthur: Das erzählerische Werk. Frankfurt 1989ff..
DW=ders.: Das dramatische Werk. Frankfurt 1993ff..
BSB= ders.: Buch der Sprüche und Bedenken. Wien 1927.
Tgb=ders.: Tagebücher 1879-1931. Wien 1981ff..
EV= ders.: Entworfenes und Verworfenes. Frankfurt 1977.
JW= ders.: Jugend in Wien. Frankfurt 1981.
Geist= ders.: Der Geist im Wort und der Geist in der Tat. Frankfurt 1993.
Briefe I/II= ders.: Briefe 1875-1931. Band I und II. Frankfurt 1981.
GS= Dilthey, Wilhelm: Gesammelte Schriften. Leipzig 1957ff..
HA=Goethe, Johann Wolfgang: Werke. Hamburger Ausgabe. München 1981ff..
GW=Kierkegaard, Sören: Gesammelte Werke. Düsseldorf 1953ff..
Z= Nietzsche, Friedrich: Also sprach Zarathustra. Leipzig 1930.
UB= ders.: Unzeitgemäße Betrachtungen. Leipzig 1930.
FW=ders.: Die fröhliche Wissenschaft. Leipzig 1930.
GAG= ders.:Gedichte. Der Antichrist. Götzendämmerung. Leipzig 1930.
JGB= ders.: Jenseits von Gut und Böse. Leipzig 1930.
PhtGr=ders.: Die Philosophie im tragischen Zeitalter der Griechen. Leipzig 1930.
UW I/II=ders.: Die Unschuld des Werdens. Leipzig 1931.
WW= Schopenhauer, Arthur: Die Welt als Wille und Vorstellung. Zürich 1977.

Primärliteratur:

Werke, Briefe, Tagebücher von Arthur Schnitzler:

Aphorismen und Betrachtungen. Band 2. Der Geist im Wort und der Geist in der Tat. Bemerkungen und Aufzeichnungen. Frankfurt/M.: Fischer 1993.

Briefe. 2 Bände. Band I: 1875-1912. Band II: 1913-1931. Hg. v. Therese Nickl und Heinrich Schnitzler. Frankfurt/M: S.Fischer 1981.

Der Briefwechsel Arthur Schnitzler - Otto Brahm. Vollständige Ausgabe. Hg., eingeleitet und erläutert von Oskar Seidlin. Tübingen: Niemeyer 1975.

Buch der Sprüche und Bedenken. Aphorismen und Fragmente. Wien: Phaidon 1927.

Das dramatische Werk. In chronologischer Ordnung. 12 Bände. Frankfurt/M.: Fischer 1993ff..

Das erzählerische Werk. In chronologischer Ordnung. 12 Bände. Frankfurt/M.: Fischer 1989ff..

Entworfenes und Verworfenes. Aus dem Nachlaß. Hg. v. Reinhard Urbach. Frankfurt/M.: S.Fischer 1977.

Hugo von Hofmannsthal - Arthur Schnitzler. Briefwechsel. Frankfurt/M.: Fischer 1983.

Jugend in Wien. Eine Autobiographie. Hg. v. Therese Nickl und Heinrich Schnitzler. Frankfurt/M.: Fischer 1981.

Tagebuch 1879-1931. 10 Bände. Hg. v. Kommission für literarische Gebrauchsformen der Österreichischen Akademie der Wissenschaften. Wien: Verlag der Österreichischen Akademie der Wissenschaften 1981ff..

Weitere zitierte Primärliteratur:

Andrian, Leopold: Der Garten der Erkenntnis. Zürich: Manesse 1990.

Bahr, Hermann: Das junge Österreich. In: Die Wiener Moderne. Literatur, Kunst und Musik zwischen 1890 und 1910. Hg. v. Gotthart Wunberg unter Mitarbeit von Johannes J. Braakenburg. Stuttgart: Reclam 1981. S. 287-309.

ders.: Die Décadence. In: Die Wiener Moderne. [...] S. 225-231.

ders.: Die Überwindung des Naturalismus. In: Die Wiener Moderne. [...] S. 199-205.

Baudelaire, Charles: Notes nouvelles sur Edgar Poe. In: Nouvelles histoires extraordinaires par Edgar Poe. Hg. v. Jacques Crépet. Paris: Connard 1933.

ders.: Les fleurs du mal = Die Blumen des Bösen. München: Hanser 1975. (Sämtliche Werke, Briefe. Bd. 3.)

Bourget, Paul: Essais de psychologie contemporaine. Études littéraires. Édition établie et préfacée par André Guyaux. Paris: Gallimard 1993.

Burckhardt, Jacob: Die Kultur der Renaissance in Italien. Ein Versuch. Stuttgart: Kröner 1966.

Dilthey, Wilhelm: Die geistige Welt. Einleitung in die Philosophie des Lebens. Zweite Hälfte. Abhandlungen zur Poetik, Ethik und Pädagogik. 3., unveränderte Auflage. Stuttgart: Teubner 1958. (Gesammelte Schriften VI. Band)

Goethe, Johann Wolfgang: Werke. Hamburger Ausgabe. Band I: Gedichte und Epen I. Band XIII: Naturwissenschaftliche Schriften I. München: C.H.Beck 1981ff..

Herder, Johann Gottfried: Briefe zur Beförderung der Humanität. Frankfurt/M.: Deutscher Klassiker Verlag 1991. (Werke Band 7)

ders.: Gedichte. Hg. v. Johann Georg Müller. Zweiter Theil. Stuttgart: Cotta 1827. (Sämmtliche Werke. Vierter Theil)

Hofmannsthal, Hugo von: Ariadne (1912). Aus einem Brief an Richard Strauss. In: Dramen V. Operndichtungen. Frankfurt/M.: Fischer 1979. S. 297-300.

ders.: Hugo von Hofmannsthal/Richard Beer-Hofmann: Briefwechsel. Hg. v. Eugene Weber. Frankfurt/M.: S.Fischer 1972.

ders.: Gestern. In: Gedichte. Dramen I. 1891-1898. Frankfurt/M.: Fischer 1979. S. 211-244.

ders.: Reden und Aufsätze I. 1891-1913. Frankfurt/M.: Fischer 1979.

ders.: Reden und Aufsätze III. 1925-1929. Aufzeichnungen. Frankfurt/M.: Fischer 1979.

Kant, Immanuel: Kritik der reinen Vernunft 1. 12. Auflage. Frankfurt/M.: Suhrkamp 1992. (Werkausgabe III)

Kierkegaard, Sören: Entweder/Oder. Erster Teil. Düsseldorf: Diederichs 1964.

ders.: Entweder/Oder. Zweiter Teil. Zwei erbauliche Reden 16.V.1843. Düsseldorf: Diederichs 1957.

ders.: Die Krankheit zum Tode. Der Hohepriester - der Zöllner - die Sünderin. Düsseldorf: Diederichs 1957.

ders.: Über den Begriff der Ironie. Mit ständiger Rücksicht auf Sokrates. Düsseldorf: Diederichs 1961.

ders.: Die Wiederholung. Drei erbauliche Reden 1843. Düsseldorf: Diederichs 1955.

Kleist, Heinrich von: Über die allmähliche Verfertigung der Gedanken beim Reden. In: Sämtliche Werke und Briefe in zwei Bänden. Bd. 2. Hg. v. Helmut Sembdner. 2. Auflage. München: dtv 1994. S. 319-324.

Musil, Robert: Der Mann ohne Eigenschaften. Roman. Erstes und zweites Buch. Hg. v. Adolf Frisé. Neu durchgesehene und verbesserte Ausgabe 1978. Reinbek: Rowohlt 1999.

Nietzsche, Friedrich: Also sprach Zarathustra. Ein Buch für alle und keinen. Leipzig: Kröner 1930.

ders.: Die fröhliche Wissenschaft. („La gaya scienza"). Leipzig: Kröner 1930.

ders.: Götzendämmerung. Der Antichrist. Gedichte. Leipzig: Kröner 1930.

ders.: Jenseits von Gut und Böse. Zur Genealogie der Moral. Leipzig: Kröner 1930.

ders.: Die Philosophie im tragischen Zeitalter der Griechen. In: ders.: Die Geburt der Tragödie. Der griechische Staat. Leipzig: Kröner 1930. S. 257-338.

ders.: Die Unschuld des Werdens. Der Nachlaß. 2 Bände. Leipzig: Kröner 1931.

ders.: Unzeitgemäße Betrachtungen. Leipzig: Kröner 1930.

Sallust: Werke und Schriften. Lateinisch-Deutsch. Hg. v. Wilhelm Schöne. 4. unveränderte Auflage. Stuttgart: Heimeran 1969.

Schlegel, Friedrich: Philosophie des Lebens. In fünfzehn Vorlesungen gehalten zu Wien im Jahre 1827. In: Kritische Friedrich-Schlegel-Ausgabe. Zehnter Band. Erste Abteilung. Kritische Neuausgabe. Hg. und eingeleitet von Ernst Behler. München u.a.: Schöningh 1969. S. 1-288.

Schopenhauer, Arthur: Die Welt als Wille und Vorstellung. 4 Bände (=Zürcher Ausgabe Band I-IV). Zürich: Diogenes 1977.

Wedekind, Frank: Lulu. Erdgeist. Die Büchse der Pandora. Stuttgart: Reclam 1989.

Weininger, Otto: Geschlecht und Charakter. Eine prinzipielle Untersuchung. Achtzehnte, unveränderte Auflage. Wien: Braumüller 1919.

Zola, Emile: Mes haines. Causeries littéraires et artistiques. Mon salon (1866). Édouard Manet, étude biographique et critique. Genf: Slatkine Reprints 1979.

Sekundärliteratur:

Sekundärliteratur allgemein:

Albert, Karl: Lebensphilosophie. Von den Anfängen bei Nietzsche bis zu ihrer Kritik bei Lukács. Freiburg: Alber 1995.

Bollnow, Otto Friedrich: Die Lebensphilosophie. Berlin u.a.: Springer 1958.

Diemer, Alwin: Schopenhauer und die moderne Existenzphilosophie. In: Schopenhauer-Jahrbuch 43(1962). S. 27-41.

Fohrmann, Jürgen und Harro Müller (Hg.): Diskurstheorien und Literaturwissenschaft. Frankfurt/M.: Suhrkamp 1988.

dies.: Einleitung. Diskurstheorien und Literaturwissenschaft. In: Diskurstheorien und Literaturwissenschaft. a.a.O.. S. 9-21.

Frenzel, Ivo: Friedrich Nietzsche mit Selbstzeugnissen und Bilddokumenten. 30. Auflage. Reinbek: Rowohlt 1998.

Gardiner, Patrick: Kierkegaard. New York: Oxford University Press 1988.

Gelber, Mark H. (Hg.): Von Franzos zu Canetti. Jüdische Autoren aus Österreich. Neue Studien. Tübingen: Niemeyer 1996.

Hamann, Brigitte: Hitlers Wien. Lehrjahre eines Diktators. 3. Auflage. München: Piper 1996.

Jugend in Wien. Literatur um 1900. Ausstellungskatalog des Schiller-Nationalmuseums. München: Kösel 1974.

Koppen, Erwin: Dekadenter Wagnerismus. Studien zur europäischen Literatur des Fin de siècle. Berlin u.a.: de Gruyter 1973.

Lepenies, Wolf: Das Ende der Utopie und die Rückkehr der Melancholie. Blick auf die Intellektuellen eines alten Kontinentes. In: Meyer, Martin: Intellektuellendämmerung? [...] a.a.O.. S. 15-26.

Liessmann, Konrad Paul: Kierkegaard zur Einführung. Hamburg: Junius 1993.

Lorenz, Dagmar: Wiener Moderne. Stuttgart: Metzler 1995.

Lowrie, Walter: Das Leben Sören Kierkegaards. Düsseldorf; Diederichs 1955.

Meyer, Martin (Hg.): Intellektuellendämmerung? Beiträge zur neuesten Zeit des Geistes. München: Hanser 1992.

Meyer, Theo: Nietzsche. Kunstauffassung und Lebensbegriff. Tübingen: Francke 1991.

Ohl, Hubert: Ethos und Spiel. Thomas Manns Frühwerk und die Wiener Moderne. Eine Revision. Freiburg: Rombach 1995.

Rasch, Wolfdietrich: Aspekte der deutschen Literatur um 1900. In: ders.: Zur deutschen Literatur seit der Jahrhundertwende. Gesammelte Aufsätze. Stuttgart: Metzler 1967.

ders.: Die literarische Décadence um 1900. München: C.H.Beck 1986.

Richert, Hans: Schopenhauer. Seine Persönlichkeit, seine Lehre, seine Bedeutung. Vierte Auflage. Leipzig: Teubner 1920.

Rickert, Heinrich: Die Philosophie des Lebens. Darstellung und Kritik der philosophischen Modeströmungen unserer Zeit. Tübingen: Niemeyer 1920.

Rieckmann, Jens: Aufbruch in die Moderne. Die Anfänge des jungen Wien. Österreichische Literatur und Kritik im Fin de Siécle. 2. durchgesehene Auflage. Frankfurt/M.: Athenäum 1986.

Rohde, Peter P.: Sören Kierkegaard mit Selbstzeugnissen und Bilddokumenten. 23. Auflage. Reinbek: Rowohlt 1998.

Saltzwedel, Johannes: Wiederkehr der Kinderfragen. In: DER SPIEGEL 8/2000.

Schlinkmann, Adalbert: „Einheit" und „Entwicklung". Die Bilderwelt des literarischen Jugendstils und die Kunsttheorien der Jahrhundertwende. Masch. Diss.. Bamberg 1974.

Schopenhauer. Auswahl und Einleitung von Reinhold Schneider. Frankfurt/M.: Fischer 1956.

Schorske, Carl E.: Wien. Geist und Gesellschaft im Fin de Siècle. 2. Auflage. München: Piper 1997.

Titzmann, Michael (Hg.): Modelle des literarischen Strukturwandels. Tübingen: Niemeyer 1991.

ders.: Skizze einer integrativen Literaturgeschichte und ihres Ortes in einer Systematik der Literaturwissenschaft. In: Modelle des literarischen Strukturwandels. a.a.O.. S. 395-438.

Wunberg, Gotthart und Johannes J. Braakenburg (Hg.): Die Wiener Moderne. Literatur, Kunst und Musik zwischen 1890 und 1910. Stuttgart: Reclam 1981.

Zitierte Sekundärliteratur zu Arthur Schnitzler:

Bayerdörfer, Hans-Peter: 'Österreichische Verhältnisse'? Arthur Schnitzlers *Professor Bernhardi* auf Berliner Bühnen 1912-1931. In: Gelber, Mark H. (Hg.): Von Franzos zu Canetti. [...] a.a.O.. S. 211-224.

Blume, Bernhard: Das nihilistische Weltbild Arthur Schnitzlers. Stuttgart: Knöller 1936.

Boetticher, Dirk von: *„Meine Werke sind lauter Diagnosen"*. Über die ärztliche Dimension im Werk Arthur Schnitzlers. Diss. Masch. Konstanz 1996.

Boner, Georgette: Arthur Schnitzlers Frauengestalten. Diss. Masch. Zürich 1930.

Dangel, Elsbeth: Wiederholung als Schicksal. Arthur Schnitzlers Roman „Therese. Chronik eines Frauenlebens". München: Fink 1985.

Derré, Françoise: Schnitzler und Frankreich. In: Modern Austrian Literature. Vol. 19,1(1986). S. 27-48.

Farese, Giuseppe (Hg.): Akten des Internationalen Symposiums 'Arthur Schnitzler und seine Zeit'. Bern: Lang 1985.

ders.: Arthur Schnitzler. Ein Leben in Wien. 1862-1931. München: C.H.Beck 1999.

Fritsche, Alfred: Dekadenz im Werk Arthur Schnitzlers. Frankfurt/M.: Lang 1974.

Hamburger, Hermann: Rezension zu *Der Schleier der Beatrice*. In: Lindken, Hans-Ulrich (Hg.): Arthur Schnitzler. [...] a.a.O.. S. 308-312.

Jandl, Ernst: Die Novellen Arthur Schnitzlers. Diss. Masch. Wien 1950.

Janz, Rolf-Peter: Professor Bernhardi - 'Eine Art medizinischer Dreyfus'? Die Darstellung des Antisemitismus bei Arthur Schnitzler. In: Farese, Giuseppe: Akten [...] a.a.O.. S. 108-117.

Kapp, Julius: Arthur Schnitzler. Leipzig: Xenien 1912.

Kaufmann, Wilhelm Friedrich: Zur Frage der Wertung in Schnitzlers Werk. In: PMLA 48/1933. S. 209-219.

Kiwit, Wolfram: „Sehnsucht nach meinem Roman". Arthur Schnitzler als Romancier. Bochum: Winkler 1991.

Körner, Josef: Arthur Schnitzlers Gestalten und Probleme. Wien: Amalthea 1921.

Lindken, Hans-Ulrich (Hg.): Arthur Schnitzler. Aspekte und Akzente. Materialien zu Leben und Werk. Frankfurt/M.: Lang 1984.

Lukas, Wolfgang: Das Selbst und das Fremde. Epochale Lebenskrisen und ihre Lösung im Werk Arthur Schnitzlers. München: Fink 1996.

Möhrmann, Renate: Schnitzlers Frauen und Mädchen. Zwischen Sachlichkeit und Sentiment. In: Farese, Giuseppe (Hg.): Akten [...] a.a.O.. S. 93-107.

Müller-Freienfels, Richard: Das Lebensgefühl in Arthur Schnitzlers Dramen. Diss. Masch. Frankfurt/M. 1954.

Müller-Seidel, Walter: Moderne Literatur und Medizin. Zum literarischen Werk Arthur Schnitzlers. In: Farese, Giuseppe (Hg.): Akten [...] a.a.O.. S. 60-92.

Offermanns, Ernst L.: Geschichte und Drama bei Arthur Schnitzler. In: Arthur Schnitzler in neuer Sicht. a.a.O.. S. 34-53.

Ohl, Hubert: Décadence und Barbarei. Arthur Schnitzlers Erzählung *Sterben*. In: ZfdPh 108(1989). S. 551-567.

Perlmann, Michaela L.: Arthur Schnitzler. Stuttgart: Metzler 1987.

Reichert, Herbert W.: Nietzsche and Schnitzler. In: Studies in Arthur Schnitzler. Ed. b. Herbert W. Reichert and Herman Salinger. New York: AMS Press. S. 95-108.

Scheible, Hartmut (Hg.): Arthur Schnitzler in neuer Sicht. München: Fink 1981.

ders.: Arthur Schnitzler mit Selbstzeugnissen und Bilddokumenten. 10. Auflage. Reinbek: Rowohlt 1996.

ders. (Hg.): Liebe und Liberalismus. Über Arthur Schnitzler. Bielefeld: Aisthesis 1996.

ders.: Liebe und Liberalismus. Arthur Schnitzlers Werk in Grundzügen. In: Liebe und Liberalismus. a.a.O.. S. 59-104.

Specht, Richard: Arthur Schnitzler. Der Dichter und sein Werk. Eine Studie. Berlin: S.Fischer 1922.

Urbach, Reinhard: Schnitzler-Kommentar zu den erzählenden Schriften und dramatischen Werken. München: Winkler 1974.

Wagner, Renate: Arthur Schnitzler. Eine Biographie. Wien: Molden 1981.

Wagner, Renate und Brigitte Vacha: Wiener Schnitzler-Aufführungen 1891-1970. München: Prestel 1971.

Werner, Ralph Michael: Impressionismus als literarhistorischer Begriff. Untersuchung am Beispiel Arthur Schnitzlers. Frankfurt/M.: Lang 1981.

Weiterhin benutzte Sekundärliteratur:

Allerdissen, Rolf: Arthur Schnitzler: Impressionistisches Rollenspiel und skeptischer Moralismus in seinen Erzählungen. Bonn: Bouvier 1985.

Anatols Jahre. Beispiele aus der Zeit der Jahrhundertwende. 71. Sonderausstellung des Historischen Museums der Stadt Wien. Wien: Eigenverlag der Museen der Stadt Wien 1982.

Chevrier, Raymond: Das Geheimnis von Mayerling. Gütersloh: Bertelsmann o.J..

Diersch, Manfred: Empiriokritizismus und Impressionismus. Über Beziehungen zwischen Philosophie, Ästhetik und Literatur um 1900 in Wien. 2. Auflage. Berlin: Rütten und Loening 1977.

Hardach-Pinke, Irene: Die Gouvernante. Geschichte eines Frauenberufs. Frankfurt: Campus 1993.

Kalcher, Joachim: Perspektiven des Lebens in der Dramatik um 1900. Wien: Böhlau 1980.

Kammer, Manfred: Das Verhältnis Arthur Schnitzlers zum Film. Aachen: Cobra 1983.

Kündig, Maya: Arthur Schnitzlers 'Therese'. Erzähltheoretische Analyse und Interpretation. Bern u.a.: Lang 1991.

Praz, Mario: Liebe, Tod und Teufel. Die schwarze Romantik. München: Hanser 1963.

Rehm, Walther: Der Dichter und die neue Einsamkeit. Aufsätze zur Literatur um 1900. Göttingen: Vandenhoek & Ruprecht 1969.

Reik, Theodor: Arthur Schnitzler als Psycholog. Frankfurt/M.: Fischer 1993.

Rey, William H.: Arthur Schnitzler. Professor Bernhardi. München: Fink 1971.

Richter, Karl und Jörg Schönert (Hg.): Klassik und Moderne. Die Weimarer Klassik als historisches Ereignis und Herausforderung im kulturgeschichtlichen Prozeß. Stuttgart: Metzler 1983.

Scheible, Hartmut: Literarischer Jugendstil in Wien. Eine Einführung. München: Artemis 1984.

Schmidt, Willa Elizabeth: The changing role of women in the works of Arthur Schnitzler. Diss. Masch. Wisconsin 1973.

Seidler, Herbert: Die Forschung zu Arthur Schnitzler seit 1945. In: ZfdPh 95(1976) S. 567-595.

Strelka, Joseph P. (Hg.): Die Seele ... ist ein weites Land. Kritische Beiträge zum Werk Arthur Schnitzlers. Bern u.a.: Lang 1996.

Sydow, Eckart von: Die Kultur der Dekadenz. Zweite Auflage. Dresden: Sybillen 1922.

Thomé, Horst: Sozialgeschichtliche Perspektiven der neueren Schnitzler-Forschung. In: IASL 13(1988). S. 158-187.

Uekermann, Gerd: Renaissancismus und Fin de siècle. Die italienische Renaissance in der deutschen Dramatik der Jahrhundertwende. Berlin: de Gruyter 1985.

Wagner, Renate: Anatols Frauen oder Die Unmöglichkeit der Emanzipation. In: Anatols Jahre. a.a.O.. S. 114-119.

Wünsch, Marianne: Das Modell der 'Wiedergeburt' zu 'neuem Leben' in erzählender Literatur 1890-1930. In: Richter, Karl: Klassik und Moderne. [...] a.a.O.. S. 379-408.